Erkenntnistheorie zur Einführung

Herbert Schnädelbach

Erkenntnistheorie zur Einführung

JUNIUS

Meinen Berlinern
zum Andenken

Junius Verlag GmbH
Stresemannstraße 375
22761 Hamburg
www.junius-verlag.de

© 2002 by Junius Verlag GmbH
Alle Rechte vorbehalten
Umschlaggestaltung: Florian Zietz
Satz: Druckhaus Dresden
Printed in the EU 2013
ISBN 978-3-88506-368-1
4. Auflage 2013

Bibliografische Information Der Nationalbibliothek
Die Deutsche Nationalbibliothek verzeichnet diese Publikation in der
Deutschen Nationalbibliografie; detaillierte bibliografische Daten
sind im Internet über http://dnb.d-nb.de abrufbar.

Inhalt

0. Einleitung 7
   Kleine Geschichte der Erkenntnistheorie 7
   Zwei Einwände gegen Erkenntnistheorie 16
   Aufgaben der Erkenntnistheorie 23

1. Wissen 31
   ›Wissen‹ – ein analytischer Vorschlag 32

2. Wissensformen 38
   Vorstellung 39
   Wahrnehmung 65
   Erinnerung und Imagination (Vorstellung$_2$) 96
   Erfahrung 109
   Wissenschaft 145
   Kleine Geschichte der Wissensformen 152

3. Geltung 169
   Skepsis 170
   Wahrheit 177
   Rechtfertigung 186

4. Ausblick: Die Wirklichkeit der Erkenntnis 188

Anhang
Literaturhinweise 197
Über den Autor 206

0. Einleitung

Kleine Geschichte der Erkenntnistheorie

Seit der späten Antike war es üblich, mit den Stoikern das Feld der Philosophie in Logik, Physik und Ethik einzuteilen. Noch Kant bekannte sich dazu (vgl. GMS B III), und die meisten Studien- und Prüfungsordnungen unserer philosophischen Seminare und Institute folgen Kant darin, daß sie seine Neufassung jener Trias als Grundlage übernehmen: ›Logik‹, ›theoretische Philosophie‹ und ›praktische Philosophie‹. (Sie definiert im übrigen die professorale »Mindestausstattung« für einen akzeptablen Studiengang der Philosophie mit Magisterabschluß.) Wer nun jene Ordnungen aufschlägt, wird fast immer auf den Ausdruck ›Erkenntnistheorie‹ stoßen, und zwar unter der Rubrik ›theoretische Philosophie‹; dort wird die Erkenntnistheorie in der Regel als erste Teildisziplin genannt, was ihren besonderen Rang als Grundlagenfach unterstreichen soll. Selten wird man hingegen an dieser Stelle die Metaphysik genannt finden, wenn sie überhaupt noch erwähnt wird; sie hat bis ins 19. Jahrhundert den ersten Platz beansprucht, denn was der erste Herausgeber des Aristotelischen Gesamtwerkes, Andronikos von Rhodos, im 1. Jahrhundert v. C. *metá tà physiká*, d. h. nach den physikalischen Schriften eingeordnet hatte, waren die Texte zur »Ersten Philosophie«, und darunter hatte Aristoteles die Wissenschaft vom »Ersten«, d. h. von den Gründen und Ursachen alles dessen, was ist, verstanden. (Bis zum 18. Jahrhundert wurden die Ausdrücke ›Philosophie‹ und ›Wissenschaft‹ im wesentlichen gleichbedeutend gebraucht.) Heute hingegen löst das Wort ›Metaphysik‹ bei den Zeitgenossen nur noch eine Mischung aus unbestimmten bis ehrfürchtigen Gefühlen aus; das »Metaphysische« – was ist das anderes als etwas Undurchsichtiges und »Höheres«, über das man besser schweigt? Die Erkenntnistheorie hingegen gilt auch dort, wo man sie nicht als Prima philosophia im aristotelischen Sinn versteht, als dasjenige, womit man zumindest beginnen sollte, wenn man sich in der Philosophie theoretischen oder sogar metaphysischen Fragen zuwendet.

Der Aufstieg der Erkenntnistheorie ist das Ergebnis der neuzeitlichen Krisengeschichte der Metaphysik selbst. Das Wort ›Erkenntnistheorie‹ kommt freilich erst im frühen 19. Jahrhundert auf und wird dann durch Eduard Zellers vielbeachtete Heidelberger Vorlesung *Ueber Bedeutung und Aufgabe der Erkenntnistheorie* (1862) allgemein gebräuchlich; die Sache ist freilich viel älter. Der erste »erkenntnistheoretische« Text unserer philosophischen Überlieferung ist Platons Dialog *Theätet*, in dem es um die Frage geht, was Wissen sei, und in dem Platon seinen Lehrer Sokrates u.a. das Wissen gegen den Relativismus des Sophisten Protagoras verteidigen läßt. Seitdem haben sich die Philosophen immer wieder mit solchen Fragen befaßt, aber die Erkenntnisprobleme waren doch nie zentral, denn man glaubte stets, sie mit Bezug auf die Gesamtstruktur der Welt lösen zu können. Das änderte sich zu Beginn der Neuzeit, wo die platonisch-aristotelische Metaphysiktradition bei den Wissenschaftlern und Intellektuellen jeden Kredit verloren hatte; wollte man die Sache der Metaphysik, d.h. die wissenschaftliche Deutung und Erklärung der Welt aus ersten Gründen und Ursachen, weiterhin vorantreiben, dann erforderte dies eine grundlegende Reform dessen, was bislang ›Metaphysik‹ genannt worden war. René Descartes, John Locke und vor allem Immanuel Kant wandten sich dieser Aufgabe zu, ohne freilich von ›Erkenntnistheorie‹ zu sprechen. Sie waren sich darin einig, dass nicht teilweise Verbesserungen die Metaphysik aus der Krise führen könnten, sondern nur eine Untersuchung der subjektiven Bedingungen und Grenzen menschlicher Erkenntnis überhaupt, durch die sich dann auch die Frage nach der Möglichkeit von Metaphysik klären lassen müsse. Descartes folgte dabei methodisch den alten skeptischen Einwänden gegen die Möglichkeit objektiver Seinserkenntnis – insbesondere dem Sinnestäuschungs- und dem Traumargument –, steigerte sie durch die Gedankenfigur des bösartigen Gottes, der mich auch im Bereich logischer und mathematischer Wahrheiten täuschen könnte, um dann im »Ich bin, ich existiere« und im »Ich bin ein denkendes Ding mit seinen Gedanken oder Vorstellungen« einen ersten sicheren Grund für alles Erkennen zu finden. (Vgl. Med I-II) Dabei änderte Descartes die klassische Definition der Metaphysik; sie ist für ihn nicht mehr die Wissenschaft von den »ersten Prinzipien des Seienden«, sondern von den »ersten Prinzipien der Erkenntnis des Seienden«. (PP XLI)

Die gesamte Philosophie der Neuzeit ist cartesianisch in dem Sinne, daß sie methodisch den Beginn mit dem Zweifel für unvermeidlich hält und auch dort, wo sie am klassischen Programm der Metaphysik als der Ersten Philosophie festhält, sich zunächst den skeptischen Einwänden gegen die Möglichkeit objektiver Seinserkenntnis gewachsen zeigen möchte. So berichtet John Locke zu Beginn seines *Versuchs über den menschlichen Verstand* (1689):

»Dürfte ich Dich mit der Entstehungsgeschichte dieser Essays behelligen, so würde ich Dir folgendes erzählen: Fünf oder sechs Freunde trafen sich in meiner Wohnung und erörterten ein von dem gegenwärtigen sehr weit abliegendes Thema; hierbei gelangten sie bald durch Schwierigkeiten, die sich von allen Seiten erhoben, an einen toten Punkt. Nachdem wir uns so eine Zeitlang abgemüht hatten, ohne einer Lösung der uns quälenden Zweifel irgendwie näherzukommen, kam mir der Gedanke, daß wir einen falschen Weg eingeschlagen hätten und vor Beginn solcher Untersuchungen notwendig unsere eigenen geistigen Anlagen prüfen und zusehen müßten, mit welchen Objekten sich zu befassen unser Verstand tauglich sei. Ich setzte das der Gesellschaft auseinander, und alle stimmten mir bereitwillig zu, worauf wir vereinbarten, daß dieser Frage unsere erste Untersuchung gelten sollte.« (Locke I, 7)

Einer solchen Untersuchung widmet Locke sein umfangreiches Hauptwerk, und dies nicht, um die Metaphysik abzuschaffen, sondern um sie endlich auf sichere Fundamente zu stellen. – Nachdem Kant gewissermaßen »am eigenen Leibe« erfahren hatte, wie prekär es um die Metaphysik bestellt ist – er hatte die Antinomien entdeckt, d.h. die Tatsache, dass man in der leibniz-wolffschen Tradition, aus der er kam, metaphysische Grundsätze *und* deren genaues Gegenteil beweisen konnte –, schrieb er: »Meine Absicht ist, alle diejenigen, so es wert finden, sich mit Metaphysik zu beschäftigen, zu überzeugen: daß es unumgänglich notwendig sei, ihre Arbeit vor der Hand auszusetzen, alles bisher Geschehene als ungeschehen anzusehen, und vor allen Dingen zuerst die Frage aufzuwerfen: ›ob auch so etwas, als Metaphysik, überall nur möglich sei‹.« (Prol A 4) Seine Kritische Philosophie setzt sich nichts Geringeres als eine Metaphysik der Natur und der Sitten zum Ziel; auch hier sind die Analyse und Erklärung menschlicher Erkenntnis nicht Selbstzweck, sondern unentbehrliche Vorbereitung »zu einer jeden künftigen Metaphysik, die als Wissenschaft wird auftreten können« (Titel der *Prolegomena*).

Der Terminus ›Erkenntnistheorie‹ begann seinen Aufstieg in einer gänzlich veränderten Situation. (Vgl. zum Folgenden: Schnädelbach 1983, 89 ff.) Nach dem Ende des deutschen Idealismus, das stets mit Hegels Tod im Jahr 1831 in Zusammenhang gebracht wird, waren Philosophie und Wissenschaft gänzlich auseinandergetreten. Es hatte sich nämlich ein tiefgreifender Wandel im Wissenschaftsverständnis vollzogen, den die ›Philosophen‹ genannten Wissenschaftler nicht selbst eingeleitet hatten und den sie weder zu steuern noch gar zu verhindern vermochten. Seit dem Beginn der Neuzeit hatte Konsens darüber bestanden, daß die Wissenschaft ein System sein müsse – möglichst nach dem Vorbild der Euklidischen Geometrie; darin sollte alles Wissen in einem durchgängigen Begründungszusammenhang enthalten sein. Der Metaphysik kam dabei die Aufgabe zu, die ersten Prinzipien von Wissen überhaupt bereitzustellen. Mindestens seit dem frühen 18. Jahrhundert aber hatte sich neben der einen, ›Philosophie‹ genannten Wissenschaft das herausgebildet, was wir heute die ›Einzelwissenschaften‹ nennen: Physik, Chemie, Biologie, Ökonomie, Psychologie, Sprachwissenschaft usf., d.h. wissenschaftliche Disziplinen, die zwar häufig noch den Ausdruck ›Philosophie‹ im Titel führten, im übrigen aber auf den systematischen Zusammenhang mit dem großen Singular längst verzichtet hatten. Ihre gemeinsame Grundidee war es, die Wirklichkeit empirisch zu erforschen; und was als wissenschaftliche Erfahrung galt, bestimmten die unter den Wissenschaftlern anerkannten Methoden. Wissenschaftler war jetzt, wer in seiner Forschungspraxis diese Methoden befolgte; die Idee der Wissenschaft als systematisch geordneter Besitz von Wissen trat dabei in den Hintergrund. Diesen Übergang kann man so beschreiben: von der propositional (mit Bezug auf Urteile oder Sätze) charakterisierten Systemwissenschaft zur prozedural (durch Verfahren) definierten Forschungswissenschaft.

Kant hat diesen sich ankündigenden Übergang bemerkt und versucht, ihm durch die Unterscheidung zwischen »reiner« und »empirischer« Philosophie gerecht zu werden, um die Einheit der Philosophie zu bewahren: »Alle Philosophie aber ist entweder Erkenntnis aus reiner Vernunft, oder Vernunfterkenntnis aus empirischen Prinzipien. Die erstere heißt reine, die zweite empirische Philosophie.« (B 868) Da sich dieser Vorschlag nicht durchsetzte und die empirischen Wissenschaften inzwischen auf die Bezeichnung ›Philosophie‹ verzichtet hatten, blieb für die Philosophen selbst nur die »reine« Philosophie übrig, und die fiel für Kant und seine Nachfolger mit der Metaphysik als der »reinen Vernunfterkenntnis aus bloßen Begriffen« (MAN A VII) zusammen. Da spätestens um die Mitte des 19. Jahrhunderts nur empirische Disziplinen als wissenschaftlich galten und man die offensichtlich nichtempirischen Wissenschaften Logik und Mathematik selbst noch empirisch, d.h. psychologisch begründen wollte, verwendete man die Ausdrücke ›Philosophie‹ und erst recht ›Metaphysik‹ durchweg verächtlich, und man war stolz darauf, Wissenschaftler zu sein. Für die Philosophie bedeutete dies eine tiefgreifende Identitätskrise; hatte sie einmal geglaubt, als »reine« Wissenschaft über die Definitionsmacht darüber zu verfügen, was als wissenschaftlich gelten könne und was nicht, so mußte sie nun selbst erst einmal ihre Wissenschaftlichkeit unter Beweis stellen. Eine Möglichkeit dieser Rehabilitierung bestand darin, bei den bereits etablierten Geschichts- und Textwissenschaften Unterschlupf zu suchen und sich als »Geisteswissenschaft« zu definieren; diese Festlegung der wissenschaftlichen Philosophie aufs Historisch-Hermeneutische hat bis ins späte 20. Jahrhundert ihr disziplinäres Selbstverständnis bestimmt, während die wirklich originären Philosophen wie Kierkegaard, Nietzsche, Heidegger, Sartre oder Adorno meist als unwissenschaftlich galten.

Ein anderer Weg, die Philosophie zu rehabilitieren und sie in den Kreis der seriösen Wissenschaften zurückkehren zu lassen, war ihre Neudefinition als Erkenntnistheorie, und die fand in der Tat seit den fünfziger Jahren des 19. Jahrhunderts statt – keineswegs eingeleitet von den spätidealistischen Systemphilosophen, die es damals immer noch gab, sondern von philosophierenden Naturwissenschaftlern wie F.A. Lange, Helmholtz, Du Bois-Reymond. Sie kritisierten den unkritischen und ideologischen Umgang mit den Ergebnissen der naturwissenschaftlichen Forschung durch die damals sehr populären und einflußreichen Autoren, die eine neue, angeblich wissenschaftlich fundierte Weltanschauung für das breite Publikum propagierten und damit ein bestimmtes philosophisches Bedürfnis bedienten. Hier erinnerte man sich an Kant und sein Programm einer Kritischen Philosophie, und in der Koalition mit professionellen Philosophen, zu denen auch Eduard Zeller gehörte, entstand so erst die sogenannte Kantbewegung und dann der Neukantianismus (vgl. Köhnke), der in verschiedenen Spielarten die deutsche Universitätsphilosophie bis in die zwanziger Jahre des 20. Jahrhunderts beherrschte. Wesentlich für dieses neukantische Philosophieverständnis war ein komplementäres Verhältnis von Wissenschaft und Philosophie. Die Philosophie, sofern sie sich nicht als historisch-hermeneutische Disziplin verstand, sollte den einzelnen Wissenschaften nichts hinzufügen, sollte auch nicht aparte Erkenntnisse für sich beanspruchen, sondern das kritische, d.h. das logische und methodologische Gewissen der Wissenschaften sein. Philosophie und Erkenntnistheorie schienen fast identisch zu sein, und wenn man hinzunimmt, daß es dabei fast immer ausschließlich um wissenschaftliche Erkenntnis ging, versteht man auch die Konjunktur des Terminus ›Wissenschaftstheorie‹, der sich im 20. Jahrhundert anschickte, die Bezeichnung ›Erkenntnistheorie‹ zu verdrängen.

Die These vom komplementären Verhältnis von Wissenschaft und Philosophie blieb aber nicht unwidersprochen, und so regte sich seit den zwanziger Jahren des letzten Jahrhunderts vor allem in Deutschland lebhafter Widerstand gegen den damit verbundenen »Formalismus«. Man wollte nicht mehr ständig methodologisch das Messer wetzen, sondern endlich selbst schlachten; man strebte unter dem Schlachtruf Husserls »Zu den Sachen!« nach eigener materialer und doch philosophischer Erkenntnis. In diesem Zusammenhang gerieten vor allem der Neukantianismus und seine angebliche Reduktion der Philosophie auf Erkenntnistheorie in die Kritik. So verwandelte sich auch der Ausdruck ›Erkenntnistheorie‹ unter Philosophen zum Ausdruck der Verachtung; Philosophie sollte alles Mögliche sein, nur nicht Erkenntnistheorie, und darin waren sich die Phänomenologen, die Existenzphilosophen, aber auch die Neomarxisten einig – trotz aller sonstigen Streitigkeiten.

Aber auch das ist schon wieder Geschichte. Es war die Tradition des Wiener Kreises, der auch Popper angehört, die nach der Emigration ihrer wichtigsten Vertreter in die USA den Hauptstrom der Analytischen Philosophie bildete und dabei zunächst an dem komplementären Verhältnis von Philosophie und Wissenschaft festhielt; man hat sie mit Recht als Fortsetzung des Neukantianismus mit anderen Mitteln charakterisiert. (Vgl. Rorty, 21) Hier erlebte die moderne Wissenschaftstheorie ihre Hochblüte, und durch die Rezeption der Analytischen Philosophie seit den sechziger Jahren entstand auch hierzulande das Bedürfnis, den Verächtern der Erkenntnistheorie nicht das Feld zu überlassen; so kehrte sie unter dem modern klingenden Namen ›Wissenschaftstheorie‹ in die philosophischen Institute zurück. Im Rückblick ist es erstaunlich, wie viele philosophische Professuren damals für Wissenschaftstheorie ausgeschrieben und mit Wissenschaftstheoretikern besetzt wurden.

Inzwischen ist diese Disziplin überall auf dem Rückzug und die Erkenntnistheorie wieder auf dem Vormarsch, was man schon dem ständigen Anwachsen einschlägiger Titel auf dem

Buchmarkt entnehmen kann. Im angelsächsischen Bereich hat es niemals grundsätzliche Bedenken gegen *epistemology* (griech. *epistéme* – Wissen) gegeben, und in Frankreich hat sich eine Sonderform von Erkenntnistheorie gebildet: die *epistémologie*, d.h. eine Wissenschaft von ganzen Wissensformationen; wollte man nicht in deutschen Provinzialismus verfallen, mußte man dies zur Kenntnis nehmen. Ein weiterer Grund für die Rückkehr der Erkenntnistheorie war die Tatsache, daß mit ›Erkenntnis‹ keineswegs nur wissenschaftliche Erkenntnis gemeint sein kann; auch alltägliche Phänomene des Erkennens und Wissens samt ihrem begrifflichen Umfeld fallen unter diesen Begriff. Im übrigen hängt jede Antwort auf die Frage, was Wissenschaft sei, von Auskünften darüber ab, was es bedeutet, überhaupt etwas zu wissen, und wie man auch das wissen kann. Ferner ist Erkenntnis oder Wissen seit jeher auch selbst ein empirischer Forschungsgegenstand gewesen; gerade die empiristische Philosophie seit John Locke hat stets versucht, auch das menschliche Erkennen mit erfahrungswissenschaftlichen Mitteln aufzuklären, und als dazu die bloße Selbstbeobachtung nicht genügte, entstanden die Denk- und Erkenntnispsychologie, die sich wesentlich auf Experimente stützen. Erkennen und Wissen sind heute die zentralen Themen der kognitiven (lat. *cognitio* – Erkenntnis, Wissen) Psychologie und der im Umkreis der Künstlichen-Intelligenz-Forschung und der Gehirnphysiologie operierenden Kognitionswissenschaften. Die Evolutionäre Erkenntnistheorie hingegen unternimmt es, die kognitiven Leistungen des Menschen in den Zusammenhang der biologischen Evolution der Menschengattung zu rücken und von dort her zu erklären.

Gegen die empirische Untersuchung der Erkenntnis halten die Philosophen mindestens seit dem späten 19. Jahrhundert einen Standardeinwand bereit: den Zirkelvorwurf. Damals – in den grundlegenden Arbeiten von Frege und Husserl – richtete er sich gegen den Psychologismus in der Philosophie der Logik, d.h. gegen das schon erwähnte Programm, diese Wissenschaft und mit ihr die Mathematik mit empirischen, d.h. psychologischen Mitteln begründen zu wollen. Das Argument lautete: Dies laufe deswegen auf einen Circulus vitiosus hinaus, weil man schon die Logik brauche, um Psychologie betreiben zu können. Auf die Erkenntnistheorie angewandt bedeutet dies den Einwand, man könne die menschliche Erkenntnis deswegen nicht zum empirischen Forschungsgegenstand machen, weil man dabei schon einen tragfähigen Vorbegriff empirischer Erkenntnis voraussetzen müsse. Wieweit dieser Hinweis trägt, ist fraglich; es ist aber keine Frage, daß es sinnvoll und möglich ist, auch die menschliche Kognition mit wissenschaftlichen Mitteln zu untersuchen und sich dabei auf schon anerkannte Standards von Wissen und Wissenschaft zu stützen. So hat Quine ausdrücklich eine »Naturalisierung« der Erkenntnistheorie gefordert (vgl. Quine 1975, 97 ff.), d.h. die Auffassung menschlicher Kognition als eines Forschungsgegenstandes wie alle anderen und ihre Untersuchung mit naturwissenschaftlichen Methoden; der darin enthaltene Zirkel, daß die naturwissenschaftliche Erkenntnis sich auf sich selbst bezieht, sei nicht gefährlich, sondern fruchtbar. Dem ist sicher zuzustimmen; die Frage ist dann nur, welche philosophischen Ansprüche man damit verbindet.

Zwei Einwände gegen Erkenntnistheorie

Wenn sich die Erkenntnistheorie als eine spezifisch philosophische Disziplin versteht, muß sie sich auf zwei Einwände gefaßt machen: Sie sei überflüssig und darüber hinaus unmöglich.

a) Überflüssig sei sie, weil (wie angedeutet) die Erkenntnis selbst längst zum wissenschaftlichen Forschungsgegenstand geworden sei, und da seien Philosophen entbehrlich. Im übrigen habe sich die wissenschaftliche Erkenntnis längst als ein kritisches und sich selbst korrigierendes Unternehmen etabliert, so daß man keiner philosophischen Aufsicht bedürfe. (Vgl. Feyerabend 1973) So regt sich der Verdacht, die philosophischen Erkenntnis- und Wissenschaftskritiker hätten Schwierigkeiten mit ihrer Identität, wollten darum bloß sich unentbehrlich machen und die Wissenschaftler bevormunden. Dagegen ist zu sagen: Was hier behauptet wird, mag für einzelne Erkenntnis- und Wissenschaftsbereiche zutreffen, von denen die professionellen Philosophen häufig viel zuwenig verstehen; in der Tat sind ›Erkenntnis‹ und ›Wissenschaft‹ Plurale, d.h. Sammelbegriffe für recht Verschiedenes. Anders ist es aber, wenn man fragt: Was ist Wissen, z.B. im Unterschied zum Glauben oder subjektiven Überzeugtsein? Was verstehen wir unter ›Erkenntnis‹, und was können wir als Erkenntnis gelten lassen? Können wir überhaupt etwas wissen, oder haben wir immer nur Meinungen? Das sind ganz grundsätzliche und als solche philosophische Fragen, und es ist nicht zu erwarten, daß die mit ihrer empirischen Forschung befaßten Wissenschaftler sie uns beantworten. Natürlich hat jedermann und auch jeder Wissenschaftler darüber eine Meinung und damit eine implizite Erkenntnistheorie, aber nur im philosophischen Gespräch wird diese explizit gemacht und dann auch kritisierbar. Das bedeutet nicht, daß die philosophische Erkenntnistheorie nur dort stattfindet, wo ›Philosophie‹ auf dem Türschild steht, sondern umgekehrt: Wer auch immer sich jene Fragen stellt und sie weiter verfolgt, philosophiert, und das tun nicht nur die ›Philosophen‹ genannten Philosophen.

Was könnte uns dazu motivieren, solche grundsätzlichen Fragen aufzuwerfen? Es sind Situationen, in denen Erkenntnisse fraglich werden und uns der Rekurs auf andere Erkenntnisse nicht weiterhilft. Betrachten wir folgende Beispiele: Bei Ludwig

Thoma berichtet Josef Filser etwas und sagt dann »Es ist wahr, indem ich es weiß« (Thoma, 117). Hier stolpern wir, weil wir uns fragen, ob es eine hinreichende Bedingung für die Wahrheit des Mitgeteilten ist, daß jemand behauptet, es zu wissen. Sind wir bereit, ein »Ich weiß, daß ...« als Erkenntnis zu akzeptieren? Sind Wissen und Erkenntnis wirklich dasselbe?

Beim Besuch eines Missionars der Mormonen fragte ich, wie man erkennen könne, daß das Buch Mormon die Wahrheit sei; die Antwort lautete: Man müsse es lesen, dann zu Gott beten, und dann gebe der einem die Gewißheit ins Herz. Hier wurde also ein subjektives Gefühl der Gewißheit als Erkenntnisgrund präsentiert, und wir bekommen Bedenken, ob dies nicht auf Selbstsuggestion beruhen könnte. Einer Sache gewiß zu sein bedeutet offenbar noch nicht, sie erkannt zu haben, denn auch Wahnhafte sind ihrer Sache ganz sicher. Die Leitfrage lautet dann: Verbürgt Gewißheit Erkenntnis?

Bei der Auschwitzlüge wird es schon ernster; sogar anerkannte Wissenschaftler haben die Existenz der Gaskammern geleugnet. Hier werden öffentlich nachweisbare Tatsachen und Zeugnisse immer so gedeutet, daß herauskommt: Der Holocaust hat nicht stattgefunden. Man beruft sich auf Wissenschafts- und Meinungsfreiheit und weist die Strafbarkeit der Behauptung, Auschwitz sei eine Lüge, als Justizterror zurück. Hier stellt sich die grundsätzliche Frage, ob ›Meinung gegen Meinung‹ das letzte Wort ist oder ob man ›Meinung vs. Wissen‹, ›Meinung vs. Erkenntnis‹ so weit stabilisieren kann, daß man sagen kann: »Lügen fällt nicht unter Meinungsfreiheit«. Die Leitfrage: Ist die Deutung von Fakten beliebig oder nicht?

Schließlich ist der »Widerstreit« zu nennen, den Jean-François Lyotard analysierte. (Vgl. Lyotard) Der französische Autor Faurisson schreibt: »Ich habe Tausende von Dokumenten untersucht. Ich habe Fachleute und Historiker unermüdlich mit meinen Fragen verfolgt. Ich habe – allerdings vergeblich – einen einzigen ehemaligen Deportierten gesucht, der mir beweisen konnte, tatsächlich und mit eigenen Augen eine Gaskammer gesehen zu haben.« (Zit. nach: Lyotard, 17) Diese Behauptung unterscheidet sich von der Auschwitzlüge dadurch, daß dort die Fakten und Zeugnisse nur verschieden gedeutet werden, hier aber nicht einmal die Fakten gemeinsam sind; Faurisson möchte nur das »tatsächlich und mit eigenen Augen« Gesehene als Faktum akzeptieren, aber genau das konnte keines der Opfer bezeugen. Und so stellt sich die Leitfrage: Was akzeptieren wir als Tatsache?

Es liegt wohl auf der Hand, daß wir diese vier Leitfragen nicht dadurch beantworten können, daß wir in unserer Erkenntnispraxis so fortfahren wie bisher; deswegen trifft es nicht zu, daß Erkenntnistheorie im Sinne einer systematischen Erörterung der Grundlagen unseres Wissens und Erkennens überflüssig wäre. Was uns dazu nötigt, sind skeptische Situationen, im Sinne grundsätzlicher Zweifel an unseren Erkenntnisvermögen, die wir ausräumen müssen, bevor wir ihnen wieder trauen dürfen.

b) Der andere Einwand gegen die Erkenntnistheorie ist ernster zu nehmen, denn er behauptet die Unmöglichkeit dessen, was wir für unentbehrlich halten mögen. Er ist wieder ein Zirkeleinwand, der sich fast schon aus dem Wort »Erkenntnistheorie« selbst ableiten läßt, und er lautet: Theorie ziele immer auf Erkenntnis ab, so daß die Erkenntnistheorie auf ein Erkennen des Erkennens hinauslaufe und darum genau das voraussetze, was man erst untersuchen wolle. Tatsächlich handelt es sich um eine schärfere und grundsätzlichere Argumentation als bei derjenigen, die sich gegen den Psychologismus oder die Naturalisierung der Erkenntnistheorie richtet, weil dort nur ein Vorbegriff von pychologischer bzw. naturwissenschaftlicher Erkenntnis in Anspruch genommen wird, während es hier um Erkenntnis überhaupt geht. Der *locus classicus* findet sich bei Hegel, wo er sich kritisch mit Kant befaßt: »Sie [die Philosophie Kants] wird auch kritische Philosophie genannt, indem ihr Zweck zunächst ist, sagt Kant, eine Kritik des Erkenntnisvermögens zu sein. Vor dem Erkennen muß man das Erkenntnisvermögen untersuchen. Das ist dem Menschenverstand plausibel, ein Fund für den gesunden Menschenverstand. [...] Das Erkenntnisvermögen untersuchen heißt, es erkennen. Die Forderung ist also diese: man soll das Erkenntnisvermögen erkennen, ehe man erkennt; es ist dasselbe wie mit dem Schwimmenwollen, ehe man ins Wasser geht.« (TWA 20, 333 f.) Dieses Argument hat seitdem viele beeindruckt, nicht nur die Hegelianer, zumal Hegel selbst der Erkenntniskritik nicht ihr Recht abspricht, sondern sie nur zum Bestandteil und vorantreibenden Element der Erkenntnis selbst machen möchte. Die Einheit von Erkenntnis und Erkenntniskritik ist nichts anderes als Hegels dialektische Methode, mit der er sich gegen die »Reflexionsphilosophie« wendet, die glaubt, sich aus dem Erkenntnisprozeß herausreflektieren und als davon unabhängige kritische Instanz etablieren zu können. Hegels These ist somit: Erkenntnis und Erkenntnistheorie bilden ein dialektisches Ganzes, und für eine aparte Disziplin, die die Nachwelt ›Erkenntnistheorie‹ nennen wird, ist einfach kein Platz.

Hegels Hinweis auf die Untrennbarkeit von Erkenntnis und Erkenntniskritik kann man als das *holistische* Argument gegen die Möglichkeit von Erkenntnistheorie bezeichnen, und es ist seitdem in verschiedenen Formen wiederholt worden, auch ohne dabei Hegel zu erwähnen. – Leonard Nelson versuchte in einem Vortrag, die prinzipielle Unmöglichkeit der Erkenntnistheorie nachzuweisen; sein Argument: Entweder ist das Kriterium der Erkenntnis selbst eine Erkenntnis, oder es wird als ein solches erkannt – in beiden Fällen verstricken wir uns in einen Zirkel, weil wir ein Erkenntniskriterium schon voraussetzen. (Vgl. Nelson) Während Hegel mit der Ganzheit aller Erkenntnisphänomene am Orte des Bewußtseins, also mit einem inhaltlichen Holismus argumentiert, neben dem kein Platz sei für eine besondere Erkenntnis der Erkenntnis, versteht Nelson die Erkenntnis als ein kriteriales Ganzes, vertritt also einen *kriterialen* Holismus.

Martin Heidegger, der seine Verachtung der Erkenntnistheorie an seine Schüler weitergab, behauptet in *Sein und Zeit* (1927), das erkenntnistheoretische Grundproblem der Philosophie der Neuzeit seit Descartes, d.h. die Frage des Verhältnisses von Bewußtsein und Welt, Subjekt und Objekt, sei ein Scheinproblem, denn wir seien doch immer schon bei einer Welt; das »In-der-Welt-Sein« sei ein »Existenzial«, d.h. eine Grundbestimmung menschlicher Seinsweise. Statt cartesianisch zu philosophieren und einen Übergang vom *Ego cogito* zur äußeren Wirklichkeit zu suchen, gehe es darum, unsere eigene »existenziale« Grundstruktur aufzuweisen und auszulegen, und dabei käme dann das Irreführende der erkenntnistheoretischen Grundfrage nach der Realität der »Außenwelt« zum Vorschein. (Vgl. SuZ 202 ff.) Heideggers Kritik beruht auf einem Holismus der »Weltlichkeit« des Seienden, das wir sind und das er »Dasein« nennt. Im Unterschied zu Hegel versteht er aber diese Subjektivität und Objektivität übergreifende Einheit nicht als das Absolute, so daß er einen Holismus der Endlichkeit vertritt.

Richard Rortys Kritik der Erkenntnistheorie (vgl. Rorty, 149 ff.) schließlich greift Motive Heideggers auf, aber sie zieht vor allem die Konsequenzen aus der Selbstkritik der Analytischen Philosophie durch W. V. O. Quine und Donald Davidson. Diese philosophische Richtung, die Bertrand Russell und G. E. Moore um 1900 im Widerstand gegen den Holismus des englischen Neoidealismus (Bradley, McTaggart u.a.) begründet hatten, fand durch W. V. O. Quine dadurch ihr Ende (vgl. Koppelberg), daß er gegen alle traditionell-analytischen Überzeugungen zu einem neuen Holismus gelangte, und zwar durch seine Kritik an der klassischen Unterscheidung zwischen dem Analytischen und dem Synthetischen, auf die die ältere Analytische Philosophie ihre komplementäre Selbständigkeit gegenüber den Wissenschaften zu begründen versucht hatte. Wenn es tatsächlich unmöglich ist, ohne Zirkel zu definieren, was ›Analytizität‹ bedeutet, entfällt auch die Differenz zum Synthetischen. Philosophie und Wissenschaft bilden somit ein Ganzes, in dem sich ihre Thesen und Theorien nicht mehr der Art nach, sondern nur noch graduell unterscheiden (vgl. Quine 1951); die Forderung nach der Naturalisierung der Erkenntnistheorie ist dann nur konsequent. Davidson fügte dem den Nachweis hinzu, daß auch noch die übliche, von Quine stets festgehaltene Unterscheidung zwischen den verschiedenen Begriffssystemen und der Realität, die durch sie verschieden aufgefaßt werde, gegenstandslos und ein weiteres »Dogma des Empirismus« sei. (Vgl. Davidson, 261 ff.) Rorty verbindet diese holistischen Argumente mit den Konsequenzen, die Kuhn und Feyerabend aus der genaueren wissenschaftshistorischen Forschung gezogen hatten; sie zeigten, daß sich die wissenschaftliche Entwicklung niemals kontinuierlich vollzogen hatte, sondern in einer Abfolge von sogenannten »Paradigmen«, die jeweils ein Ganzes aus grundbegrifflichen Bestimmungen, vorbildhaften Problemlösungen und geteilten Geltungskriterien ausmachten. Untereinander seien diese Paradigmen inkommensurabel gewesen, d. h., die Aristotelische und die Newtonsche Physik ließen sich überhaupt nicht vergleichen, weil sie weder ihre Gegenstände noch ihre Geltungsansprüche teilten. Rorty führt den Quine-Davidsonschen Holismus mit dem der Paradigmen zusammen und vertritt die These, daß niemals und auch heute nicht eine Disziplin mit dem Namen ›Erkenntnistheorie‹ außerhalb des jeweiligen Ganzen der Wissenschaften angesiedelt sein kann; wie die Wissenschaften selbst war auch die Philosophie immer Teilelement eines kulturellen Ganzen. Darum gibt es keine Prima philosophia, und erst recht nicht in erkenntnistheoretischer Gestalt; und der reine »Spiegel der Natur«, nach dem die cartesianische Tradition gesucht hatte, ist ein Mythos. Rorty geht über Quine dadurch hinaus, daß er nicht nur einen Holismus mit Bezug auf Philosophie und Wissenschaft vertritt, sondern einen Holismus von Philosophie/Wissenschaft und Kultur überhaupt – einen *kulturellen* Holismus also. (Vgl. Rorty, 343 ff.)

Wie kann man die Erkenntnistheorie gegen die These ihrer Unmöglichkeit verteidigen, da wir sie doch offensichtlich für unentbehrlich halten müssen? Hier bleibt wohl nur der Ausweg, sich ihre verschiedenen Aufgaben vor Augen zu führen und dann die verschiedenen Zirkeleinwände genauer zu untersuchen.

Aufgaben der Erkenntnistheorie

Daß es in der Erkenntnistheorie um Erkenntnis überhaupt geht, läßt sich wie folgt präzisieren: Es geht einmal um den Begriff der Erkenntnis und um die Beziehungen dieses Begriffs zu den verwandten Begriffen ›Wissen‹, ›Gewißheit‹, ›Meinung‹, ›Überzeugung‹, ›Glauben‹ (i.S. von ›*belief*‹). Wir wollen wissen, was wir meinen, wenn wir von Erkenntnis sprechen, und dazu brauchen wir eine Übersicht im Netz der damit zusammenhängenden Begriffe. Dies nennen wir die *explikativen* Aufgaben der Erkenntnistheorie. – Dann suchen wir ein Kriterium (griech. *kritérion* – Kennzeichen; von *krineîn*, unterscheiden) der Erkenntnis, und das bedeutet: Wir wollen uns nicht nur darüber verständigen, was wir unter Erkenntnis verstehen, sondern was wir als Erkenntnis gelten lassen wollen. Dies betrifft die Geltungscharaktere ›wahr‹, ›richtig‹, ›stringent‹, ›methodisch korrekt‹ etc.

Hier geht es um die *normativen* Aufgaben der Erkenntnistheorie. Wir müssen darüber hinaus fragen, ob und wie dieses Kriterium anwendbar ist, denn es könnte ja sein, daß wir nur eine Erkenntnisutopie beschreiben, d.h. in wissenschaftstheoretischen Zusammenhängen eine »*metascience of science fiction*«. (Vgl. Stegmüller IV, 26) Um über die Anwendbarkeit von Erkenntniskriterien etwas sagen zu können, muß man auch etwas über wirkliche Erkenntnisprozesse wissen, und daraus ergeben sich die *deskriptiven* Aufgaben der Erkenntnistheorie. Jede befriedigende Erkenntnistheorie muß mindestens diese drei Fragebereiche umfassen, und das vermag sie nur durch eine Differenzierung ihrer Diskursarten in explikativer, normativer und deskriptiver Hinsicht. (Vgl. analog dazu: Bieri, 34, 39, 38)

Gehen wir von dieser Diskursunterscheidung aus, verlieren die holistischen Argumente gegen die Möglichkeit von Erkenntnistheorie viel von ihrer Überzeugungskraft. Was Hegel betrifft, so unterstellt er einfach, daß die »Erkenntnisse« der Erkenntnistheorie von derselben Art seien wie die, die sie untersucht. Kant hatte dem selbst Vorschub geleistet mit seiner berühmten Definition: »Ich nenne alle Erkenntnis transzendental, die sich nicht so wohl mit Gegenständen, sondern mit unserer Erkenntnisart von Gegenständen, so fern diese *a priori* möglich sein soll, überhaupt beschäftigt.« (B 25) (Lat. ›a priori‹ bedeutet ›vom Früheren her‹ – gemeint ist von dem her, was aller Erfahrung vorausliegt und von ihr unabhängig ist; der Gegenbegriff ist ›*a posteriori*‹, ›vom Späteren her‹ – also abhängig von Erfahrung.) Der Gesamtkontext der *Kritik der reinen Vernunft* macht aber klar, daß die transzendentale »Erkenntnis« selbst nicht von der Art der skeptisch thematisierten synthetischen Urteile (Erweiterungsurteile) *a priori* sein kann, die Kant in Mathematik und Naturwissenschaft als wirklich und in der Metaphysik als problematisch ansah: Die Transzendentalphilosophie Kants enthält selbst keine synthetischen Urteile *a priori*; sie ist nicht selbst Metaphysik, sondern kritische Propädeutik für »jede künftige Metaphysik« (vgl. den Titel der *Prolegomena*). Ihr konstruktiver Kernbereich ist die transzendentale Analytik der Begriffe und Grundsätze, worunter Kant »die Zergliederung unseres gesamten Erkenntnisses a priori in die Elemente der reinen Verstandeserkenntnis« (B 89) versteht. Wichtig ist ihm, daran zu erinnern, »daß hier nicht von dem Entstehen der Erfahrung die Rede sei, sondern von dem, was in ihr liegt. Das erstere gehört zur empirischen Psychologie, und würde selbst auch da, ohne das zweite, welches zur Kritik der Erkenntnis und besonders des Verstandes gehört, niemals gehörig entwickelt werden können.« (Prol A 87) So enthält seine Vernunftkritik durchweg Analysen im Sinne begrifflicher Erläuterungen und gehört wesentlich zum explikativen Diskurs der Philosophie, den er deutlich vom deskriptiven Diskurs der empirischen Psychologie abgegrenzt sehen möchte. Tatsächlich ist Kants Text vor allem in der ersten Auflage der *Kritik der reinen Vernunft* ständig durchsetzt mit deskriptiven, quasi psychologischen Erklärungen, so daß er sich selbst nicht immer an die zitierte Unterscheidung zwischen genetischer Erklärung und Inhaltsanalyse gehalten hat. Außerdem finden sich bei ihm Vermengungen des explikativen mit dem normativen Diskurs – dort nämlich, wo er glaubt, daß der mit explikativen Mitteln aufweisbare apriorische Status bestimmter Begriffe und Grundsätze unmittelbar deren allgemeine und notwendige Geltung bedeute. (Vgl. B 4; auch: Schnädelbach 2000 b, 187 ff.) Nur in ihrem explikativen Kern ist Kants *Kritik der reinen Vernunft* wirklich aktuell. (Vgl. Strawson 1966, 15 ff.) Hegel hingegen akzeptiert für seine eigene Philosophie solche Diskursunterscheidungen nicht mehr; Kants Differenz zwischen dem explikativ-analytischen Verfahren der Vernunftkritik und dem synthetischen Vorgehen der Wissenschaft, das nur deskriptiv möglich ist und die Metaphysik notwendig verfehlt, wird bei ihm in der Idee der »absoluten Methode« (TWA 5, 550 ff.) »aufgehoben« – d. h. negiert und bewahrt. Kritik und Metaphysik sollen in einer absoluten Philosophie zusammenfallen, und da ihr Gegenstand, das Absolute, das Ganze als das Wahre ist (vgl. TWA 3, 24), läßt sich hier auch der normative Diskurs nicht mehr abtrennen. In Kants Perspektive des endlichen Bewußtseins, die auch die unsrige sein muß (vgl. Schnädelbach 1999), beruhen Hegels Einwände gegen die Erkenntnistheorie zumindest auf einem Kurzschluß zwischen dem deskriptiven und dem explikativen Diskurs der Philosophie.

Nelsons Argument setzt voraus, daß die Kriterien von Erkenntnis überhaupt entweder Erkenntnisse seien oder als solche erkannt werden können. Dagegen ist zu sagen: Kriterien werden nicht erkannt, sondern *anerkannt*; sie gelten nicht durch ihre bloße Existenz, sondern durch unsere Entscheidung zugunsten ihrer normativen Kraft. So unterläuft Nelson eine Vermengung des deskriptiven Diskurses mit dem normativen Diskurs.

Heidegger ist in *Sein und Zeit* unentschieden, ob die phänomenologische Hermeneutik des Daseins dem deskriptiven oder dem explikativen Diskurs zugehört, denn er versteht die phänomenologische Beschreibung unserer Seinsweisen unmittelbar als »Auslegung« (SuZ 37 f.). Dann aber läßt er uns ratlos, was die normativen Fragen betrifft: Selbst wenn es zutrifft, daß in phänomenologischer Hinsicht das Subjekt-Objekt-Problem ein Scheinproblem ist, bleibt doch völlig offen, was der bloße Hinweis auf das »In-der-Welt-Sein« zur Lösung unserer skeptischen Probleme beitragen könnte. Descartes brauchte man vom offensichtlichen »In-der-Welt-Sein« nicht zu überzeugen; er problematisierte es freilich in einer von ihm selbst als völlig kontraintuitiv eingesehenen Weise (vgl. Med 16 f.), um mit dem Problem des Zweifels fertig zu werden. Wer nie in Frage gestellt hat, daß es so etwas wie Erkenntnis überhaupt geben kann, braucht sich auf Descartes auch nicht einzulassen.

Ähnliches gilt auch für Rorty: Wenn wir einsehen, daß wir die Wirklichkeit der Erkenntnis nicht unabhängig vom jeweiligen kulturellen Kontext und erst recht nicht kontextfrei für alle Kontexte auf einmal beschreiben und explizieren können, ist noch nichts darüber gesagt, welche Standards und Kriterien wir akzeptieren sollten. Im Hinblick auf den deskriptiven und explikativen Diskurs der Philosophie, der sich immer in der Beobachterperspektive der 3. Person führen läßt, hat Rorty allemal recht: Diese Perspektive ist die des Relativismus, in dem sich alle Sinn- und Geltungsansprüche auf irgendwelche Kontexte zurückbeziehen lassen, wodurch sie ihre absolute Geltung verlieren. In der Erkenntnistheorie aber geht es nicht primär darum, welche Sinn- und Geltungskriterien für Erkennen und Wissen irgend jemand anerkannt hat, sondern um die Frage, welche Kriterien *wir selbst* anerkennen sollen, und das erfahren wir nicht durch historische Beschreibungen oder hermeneutische Interpretationen. Der normative Diskurs der Philosophie ist der Diskurs der Teilnehmerperspektive der 1. Person Singular und Plural, und die können wir nicht einfach verlassen, solange es um Sinn und Geltung geht.

Diese drei Diskursarten stehen in der Philosophie nicht schlicht nebeneinander. (Vgl. Schnädelbach 1977, 337ff.) Den deskriptiven Diskurs können wir nur führen, wenn wir im normativen Bereich verständigt sind; wir führen ihn unter der Voraussetzung, daß wir uns darüber einig sind, was als eine akzeptable Beschreibung und Erklärung gelten kann. Den normativen Diskurs müssen wir führen, wenn diese Voraussetzung fraglich geworden ist; dann müssen wir über Standards und Kriterien reden. Auch die können allerdings zum Problem werden, so daß wir dann in den explikativen Diskurs eintreten müssen, wo es um die Erläuterung und Klärung dieser Standards und Kriterien und der in ihnen enthaltenen Begriffe geht. Dies wird zwar ihre begründete Anerkennung nicht ersetzen, wohl aber erleichtern. So erweist sich der explikative Diskurs als grundlegend für die Philosophie überhaupt; hier wie da bedarf es gerade in skeptischen Situationen zunächst der Erläuterung und Klärung der Begriffe, die wir dann auf der normativen und der deskriptiven Diskursebene verwenden.

So müssen wir auch in der Erkenntnistheorie von der Unterscheidung zwischen dem explikativen, normativen und deskriptiven Diskurs ausgehen und dem explikativen Diskurs den Primat zusprechen. Deswegen sollte die Erkenntnistheorie mit der systematischen Analyse und Erläuterung der das Erkennen und Wissen betreffenden Begriffe beginnen. Was sind nun Begriffe, und wie erläutert man sie? Das hängt davon ab, welchen Begriff vom Begriff man hat, und der ist in der Regel ziemlich verworren. Üblich ist das, was man unfreundlich die Regenschirmtheorie des Begriffs nennen könnte; ihr zufolge ist der Begriff eine Vorstellung, unter die wir andere Vorstellungen »befassen« oder subsumieren, und was wir da nicht unterkriegen, wird naß. Ähnlich ist die von Popper spöttisch »Kübeltheorie« (Popper 1964, 87) genannte Vorstellung, die Begriffe für Behälter im Bewußtsein hält, in die wir unsere Vorstellungen beim Sortieren hineinwerfen; manche halten Begriffe auch für Schubladen eines riesigen Begriffsschranks, in die wir unsere Vorstellungen einordnen. Die Crux dieser irreführenden Modelle ist, daß dabei die Begriffe selbst als Vorstellungen höherer Ordnung oder als allgemeine Vorstellungen aufgefaßt werden, aber das ist falsch: Es gibt keine allgemeinen Vorstellungen; wir können uns immer nur ein bestimmtes Dreieck vorstellen, niemals »das« Dreieck schlechthin, und beim Begriff des Tausendecks hört das Vorstellen ganz auf. Wir können uns keine Begriffe vorstellen, sondern nur Begriffe durch Vorstellungen exemplifizieren, uns also »das« Dreieck nicht anders als am Beispiel eines bestimmten Dreiecks vor Augen führen.

Wie vergegenwärtigen wir uns Begriffe, wenn wir sie uns nicht vorstellen können? Indem wir uns klarmachen, wie wir die Begriffswörter verwenden. Tatsächlich sind sie nominalisierte Prädikate; mit ›Schönheit‹ meinen wir das allgemeine Merkmal, das allen Dingen zukommt, die wir für schön halten, und das meinen wir mit der Prädikation ›X ist schön‹. Was wir den Begriff nennen im Unterschied zum bloßen Begriffswort, ist dabei nicht eine ungreifbare Vorstellung vom Schönen überhaupt, sondern der Inbegriff der Regeln des Gebrauchs des Schönheitsprädikats, den wir für korrekt halten, und dies gilt für alle Begriffe. Diese Regeln können sich ändern und haben sich geändert, und genau dann haben sich auch Begriffe nach Umfang und Inhalt geändert.

Aus diesem Verständnis von Begriffen folgt, daß der explikative Diskurs der Erkenntnistheorie in nichts anderem als in der systematischen Analyse und Erläuterung der Gebrauchsregeln der Ausdrücke bestehen kann, denen wir zu folgen bereit sind, wenn wir uns über kognitive Phänomene zu verständigen versuchen; wir nennen sie epistemische (griech. *epistéme* – das Wissen) Ausdrücke. Dies schließt selbstverständlich Kritik und Verbesserungsvorschläge nicht aus, wenn wir im Dialog mit anderen Auffassungen diese Regeln nicht mehr überzeugend finden. Eine solche Tätigkeit ist eine *grammatische* im weiten Sinne des Wortes. (Vgl. PU § 90) So gilt: Der explikative Diskurs der Erkenntnistheorie ist nichts anderes als eine *Grammatik epistemischer Ausdrücke*, und wenn die Erkenntnistheorie aus den angeführten Gründen gut daran tut, sich die Unterscheidung zwischen dem explikativen, normativen und deskriptiven Diskurs der Philosophie zu eigen zu machen, muß sie mit jener

Grammatik beginnen. Und dann gilt es auch, uns die Art und Weise zu vergegenwärtigen, in der Philosophen vor uns die epistemischen Ausdrücke verwendet haben; daran vor allem müssen wir unsere eigenen Regelexplikationen und -vorschläge überprüfen. Dabei werden die »Klassiker« nicht immer recht behalten, aber in der Beschäftigung mit ihnen werden wir bald die Erfahrung machen, daß wir bei ihnen eine Fülle von Fragen und Antworten finden, die weit reicher ist als alles, was uns selbst jemals eingefallen wäre. So wird die Begriffsexplikation durch Begriffsgeschichte ergänzt; dieser historische oder diachrone Aspekt der Grammatik epistemischer Ausdrücke soll in dieser Einführung im Vordergrund stehen.

1. Wissen

Das Wort ›Erkenntnistheorie‹ ist in Wahrheit nicht geeignet, die Vielfalt dessen auch nur anzudeuten, worum es in dieser philosophischen Disziplin geht. Das liegt daran, daß der Erkenntnisbegriff selbst zu eng ist. Erkenntnisse schreiben wir heute eher der Polizei bei Fahndungen oder Geheimdiensten bei Spionageerfolgen zu, aber besteht die Wissenschaft wirklich aus Erkenntnissen? ›Erkenntnis‹ verwenden wir in der Regel als Erfolgswort und nur selten als Bezeichnung des Erkenntnisvorgangs; wenn der abgeschlossen ist, haben wir Erkenntnisse gewonnen als Resultat und als Besitz. Doch welche Resultate können wir schon als einen ständigen Erkenntnisbesitz verbuchen, wo doch die Wissenschaft immer weiter fortschreitet und ständig Älteres korrigiert oder widerlegt? Erkenntnis als sicheres Resultat – danach hatte die neuzeitliche propositionale Systemwissenschaft gestrebt; die moderne prozedurale Forschungswissenschaft begnügt sich mit Ergebnissen, die erfolgreich zu kritisieren selbst ein Forschungsfortschritt wäre.

Im übrigen legt der Ausdruck ›Erkenntnistheorie‹ die Vorstellung nahe, es gebe so etwas wie »die« Erkenntnis, während wir es tatsächlich mit einer Pluralität von Phänomenen und Problemen zu tun haben, die das weite Umfeld dessen bilden, was wir als Erkenntnis im engeren Sinn des Wortes anstreben mögen. Wenn es uns also um den ganzen Bereich des Kognitiven gehen muß und dabei zuerst um eine Grammatik epistemischer Ausdrücke, sollten wir den allgemeineren Wortbedeutungen von

›epistéme‹ oder ›cognitio‹ folgen und statt von Erkenntnis besser von *Wissen* sprechen; Erkenntnistheorie wäre dann primär eine Theorie der Wissensformen, und wir hätten den suggestiven Singular ›Erkenntnis‹ vermieden. Freilich kann man einwenden, Wissen sei doch nichts anderes als Erkenntnis i. S. des Erkannthabens – wenn man etwas erkannt hat, weiß man es –, aber dann haben wir den Wissensbegriff so weit eingeengt, daß er dem weiten Bereich des Kognitiven nicht mehr gerecht wird. Warum sollten wir nicht auch Vorformen und sogar Abweichungen von Wissen im strikten Sinn dazuzählen? Dann wären nicht nur Wahrnehmung, Anschauung, Vermutung und subjektives Überzeugtsein Wissensformen, sondern auch Zweifel und Irrtum. Tatsächlich hat sich die Erkenntnistheorie seit den Anfängen niemals nur um den engeren Wissensbegriff bemüht, sondern auch um die mit ›Wissen‹ zusammenhängenden Begriffe, und das hat auch einen sachlichen Grund: Wer die Möglichkeit von Wissen im strikten Sinn des Wortes erklären will, muß auch etwas sagen können über damit verwandte Phänomene, und er muß vor allem die Möglichkeit des Zweifels und des Irrtums aufzeigen können. So gesehen gehören also auch Zweifel und Irrtum zu den Themen einer Theorie der Wissensformen.

›Wissen‹ – ein analytischer Vorschlag

Die Analytische Erkenntnistheorie machte sich mit großem Scharfsinn daran, notwendige und hinreichende Bedingungen anzugeben, die erfüllt sein müssen, damit etwas als Wissen gelten kann. Dabei ist zu beachten, daß ›Wissen‹ in der Regel nicht als Erfolgswort wie ›Erkenntnis‹, sondern als Dispositionswort verwendet wird: Wissen ist ein Besitz im Sinn eines Vermögens, d.h. eines in bestimmten Situationen zu etwas Bestimmtem Befähigtseins. Der entsprechende englische Ausdruck, ›knowledge‹, deckt hier nicht nur das (deutsche) ›Wissen‹, sondern auch das ›Können‹ ab; ›*to know that*‹ ist in der Regel verschieden vom ›*to know how*‹, aber es ist keine Frage, daß wir auch im Deutschen das Know-how als Wissensform akzeptieren – als ›Gewußt, wie…‹. In einer philosophischen Formenlehre des Wissens wird es aber primär um das ›Gewußt, daß…‹ gehen, doch es gibt auch unter Pragmatisten die Meinung, alles ›Was-Wissen‹ sei in Wahrheit ein ›Wie-Wissen‹.

Zunächst muß geklärt werden, ob Wissen wirklich immer die Form des ›Wissens, daß…‹ aufweist. In Goethes *Faust* sagt Wagner: »Zwar weiß ich viel,/ doch möcht' ich alles wissen!« (V. 601), und auch wir sagen: »Ich weiß das und das«. Also gebrauchen wir ›wissen‹ auch ohne das ›daß…‹. Nur wenn wir sagen sollen, *was* wir da wissen, kommen wir wohl um das ›daß…‹ nicht herum. Merkwürdig wäre es zu sagen: »Ich weiß Hamburg« oder »Ich weiß mich«; tatsächlich kann ich nur etwas über Hamburg oder sehr wenig oder viel über mich selbst wissen, und dieses ›über‹ oder ›von‹ können wir nur in einem ganzen Aussagesatz präsentieren. Also hat ›Wissen‹ die Standardform:

(1) *X (jemand) weiß, daß p* (›p‹ für einen ganzen Satz).

Was wir in ganzen Sätzen aussagen, ist ihr propositionaler Gehalt (vgl. Searle, 49), und deswegen kann man die Behauptung, daß ›Wissen‹ grammatisch immer die Ergänzung durch ein ›…daß p‹ erfordert, die *Propositionalitätsthese* nennen; ich werde zu zeigen versuchen, daß sie für *alle* epistemischen Ausdrücke grundlegend ist.

Hier kann man einwenden, ich könne doch auch behaupten: »Ich kenne Hamburg« oder »Ich kenne mich«, und da entfalle die propositionale Ergänzung, aber das trifft nicht zu. Tatsächlich muß ich schon sehr viel über Hamburg und über mich in der Form ›...daß p‹ wissen, um sagen zu können, daß ich Hamburg oder mich kenne. Der Kurzschluß zwischen Wissen und Kennen, d.h. die Auffassung der Erkenntnis als eine Art von ›Bekanntschaft mit...‹ ist ein uralter Irrtum, der wohl vor allem auf Platon zurückgeht, weil er Erkennen wesentlich als ein Sehen auffaßte. Er hat uns das erhabene Vorurteil beschert, dem zufolge die Erkenntnis eine Beziehung zwischen Bewußtsein und Gegenstand, Subjekt und Objekt sei; die Rede von der Subjekt-Objekt-Relation als dem erkenntnistheoretischen Problem schlechthin war bis in unsere Gegenwart weit verbreitet, ohne daß auch nur ein Gedanke darauf verwendet wurde zu fragen, ob es denn wirklich zutrifft, daß mein Wissen von Hamburg ein Eins-zu-eins-Verhältnis zwischen mir und der Freien und Hansestadt sei.

Der Subjekt-Objekt-Mythos hat insbesondere in der Theorie des Selbstbewußtseins ziemlich verheerende Folgen gehabt, denn folgt man diesem Modell, kann Selbstbewußtsein nichts anderes sein als eine Relation, in der ich als das Subjekt mir zugleich Objekt bin, und das erzeugt eine Reihe von Zirkelproblemen, die man nicht bewältigen kann, ohne das ganze Schema aufzugeben. (Vgl. Tugendhat 1979, insbes. 50 ff.) Tatsächlich hat epistemisches Selbstbewußtsein immer die Form:

(1a) *Ich weiß, daß ich* φ (›φ‹ für Prädikate, die sich auf Sachverhalte beziehen, zu denen ich einen privilegierten Zugang habe).

Das ›ich φ‹ bestätigt somit auch hier die Propositionalitätsthese.

Wenn wir wissen, daß Wissen immer dispositional und propositional ist, wissen wir noch nicht, was ›Wissen‹ bedeutet. Wissen ist im Unterschied zum bloßen Vermuten oder Zweifeln ein Zustand subjektiver Sicherheit, ein Überzeugtsein. Das nennen wir auch ›Glauben‹, nicht im religiösen Sinne, sondern als Übersetzung von engl. ›belief‹. Deswegen empfiehlt es sich, das Wissen als eine Art der Überzeugung aufzufassen:

(2a) *X ist davon überzeugt, daß p.*

Das genügt freilich nicht, denn X kann noch so fest von p überzeugt sein und sich doch irren, und wenn er sich irrt, *weiß* er nicht, daß p. Also muß ›p‹ auch wahr sein, damit X weiß, daß p:

(2b) *›p‹ ist wahr.*

Auch das ist noch nicht hinreichend, denn es könnte der Fall sein, daß jemand fest davon überzeugt ist, daß jetzt gerade in Japan ein Erdbeben stattfindet, und es findet tatsächlich gerade dort eins statt, doch X hat die Wahrheit nur zufällig getroffen, d.h., er hatte keinen Grund, dies anzunehmen, sondern hat es nur auf gut Glück hin angenommen. Also muß das Einen-Grund-Haben oder der Gedanke der Rechtfertigung hinzugenommen werden:

(2c) *X hat Gründe, die ihn berechtigen, davon überzeugt zu sein, daß p.*

Zusammengenommen ergeben (2a-c) die Standardformel für Wissen, die in der modernen Erkenntnistheorie trotz aller Streitigkeiten als Konsens angesehen werden kann:

(3) *Wissen ist wahre, gerechtfertigte Überzeugung.*

Seit dem berühmten Aufsatz von Edmund L. Gettier, *Is Justified True Belief Knowledge?* (vgl. Bieri, 91 ff.), der schlagende Beispiele dafür enthält, daß (3) unvollständig ist und keine hinreichenden Bedingungen für Wissen angibt, ist auf die Verbesserung dieser Definition sehr viel Scharfsinn verwandt worden. Heute geht man davon aus, daß solche Definitionen ungeeignet sind, alle denkbaren Gegenbeispiele auszuschließen, so daß man sich zufriedengeben muß, wenn damit die meisten paradigmatischen Fälle der Begriffsverwendung berücksichtigt sind. (Vgl. Bieri, 77 f.)

Es ist bemerkenswert, daß sich diese Standardformel bereits in Platons Dialog *Theätet* findet. Nachdem die Dialogpartner die erste These, Wissen sei Wahrnehmung, verworfen haben, erproben sie den Satz, Wissen sei wahre Meinung (griech. *dóxa*), um dann mit dem angedeuteten Zufallsargument als Zusatz einen *lógos* zu fordern. Dieses Wort meint dasjenige, womit man »Rede und Antwort stehen« kann (vgl. Theät 201c ff.); meist wird es mit ›Erklärung‹ übersetzt, meint aber nicht die Antwort auf Fragen nach Ursachen, sondern nach den Gründen, deretwegen man eine Meinung für wahr hält. Also sei Wissen wahre Meinung mit einer Begründung, und wenn man ›*dóxa*‹ (mit Recht) mit ›Überzeugung‹ übersetzt und den begründenden *lógos* als Rechtfertigung auffaßt, ist man wieder bei (3) angelangt. Gleichwohl verwirft Platon auch diese Formel, so daß der Dialog aporetisch, d.h. ohne positives Ergebnis ausgeht. Sein Grund ist ein Zirkelverdacht, denn eine Begründung für eine Überzeugung zu haben sei nichts anderes, als das schon zu wissen, wovon man angeblich bloß überzeugt sei. Dieser Einwand ist unbegründet, weil das Wissen, das einen darin rechtfertigt, p für wahr zu halten, nicht schon das Wissen von p selbst ist. Darum muß man die Zeile (2c) genauer fassen als:

(2c') *X weiß, daß q*

und hinzufügen

(2d) *q ist ein hinreichender Grund für (die Annahme von) p.*

So verschwindet der Zirkel zugunsten der Abhängigkeit des Wissens von p vom Wissen von q. Schon Aristoteles wußte: Es gibt kein voraussetzungsloses Wissen. (Vgl. Anal pr 71a) Ihm zufolge ist es ein Kennzeichen vor allem des wissenschaftlichen Wissens, daß es begründet werden kann; aber auch alle anderen Wissensformen schließen ein, daß man nach dem Grund des jeweiligen Überzeugtseins fragen darf; wenn das nicht der Fall ist, handelt es sich um bloße Meinungen.

2. Wissensformen

Die Standardformel des Wissens wird im folgenden als Leitfaden verwendet beim explikativen Durchgang durch die wichtigsten elementaren Wissensformen, wobei es sich empfiehlt, sich an den Wissensstufen zu orientieren, die sich am Anfang der *Metaphysik* des Aristoteles finden: Wahrnehmung *(aísthesis)*, Erinnerung *(mnéme)*, Erfahrung *(empeiría)* und Kunst/Wissenschaft *(téchne/epistéme)*. (Vgl. Met 980a ff.) Dieses Modell besaß in unserer gesamten philosophischen Tradition geradezu kanonische Geltung, obwohl weitere Unterscheidungen eingeführt wurden – wie z.B. bei Kant zwischen Wahrnehmung und Anschauung – oder die Beziehungen zwischen den einzelnen Wissensformen anders interpretiert wurden. Natürlich sind damit keine Vollständigkeitsansprüche verbunden; immerhin kann man auf diese Weise sicher sein, die wichtigsten Formen des Wissens in den Blick genommen zu haben.

Man kann diese Wissensformen oder -stufen gemäß der Standardformel auch als eine Klassifikation von Überzeugungsarten verstehen, bei denen zunächst offenbleibt, worin ihre Wahrheit besteht und auf welchem Wege man sie rechtfertigen könnte; wir können somit bei ihrer grammatischen Analyse auch beim Ausdruck ›Wissen‹ bleiben, wenn wir die Fragen der Wahrheit und Rechtfertigung nicht aus den Augen verlieren, die in den normativen Diskurs der Erkenntnistheorie gehören.

Bevor wir nun dem Aristotelischen Aufbau des Wissens folgen, müssen wir uns einem Begriff zuwenden, der in der Philosophie der Neuzeit zur Grundlage der gesamten Erkenntnistheorie wurde und den wir auch ganz intuitiv als grundlegend für alle epistemischen Phänomene zu halten geneigt sind: dem Begriff der Vorstellung. Kant stellte ihn an die Spitze seines Systems aller Erkenntnisbegriffe: »Die Gattung ist *Vorstellung* überhaupt *(repraesentatio)*. Unter ihr steht die Vorstellung mit Bewußtsein *(perceptio)*. Eine *Perzeption*, die sich lediglich auf das Subjekt, als die Modifikation seines Zustandes bezieht, ist *Empfindung (sensatio)*, eine objektive Perzeption ist *Erkenntnis (cognitio)*. Diese ist entweder *Anschauung* oder *Begriff (intuitus vel conceptus)*.« (B 376 f.) Eine Definition des Vorstellungsbegriffs selbst gibt Kant nicht, und er begründet dies damit, daß es sich dabei um einen unerklärbaren Grundbegriff handle: »Denn man müsste, *was Vorstellung sei?* doch immer wiederum durch eine andere Vorstellung erklären.« (Logik A 41 f.) Auch ohne Erklärung werde ›Vorstellung‹ aber »genau genug verstanden« (Beweisgrund A 1).

Vorstellung

Beim umgangssprachlichen Gebrauch von ›Vorstellung‹ können wir mehrere Bedeutungen unterscheiden. Wenn eine Autofirma ein neues Modell vorstellt, dann ist dieses Etwas-Vorstellen eine *Präsentation*. Kommen wir in eine fremde Stadt, sagen wir vielleicht: »Das habe ich mir aber ganz anders vorgestellt!«, und dann meint das Wort ›Vorstellung‹ das, was man sich vorstellen kann, d.h. eine *Imagination*. (Wie bei vielen deutschen Wörtern, die auf ›-ung‹ enden, kann immer sowohl die Fähigkeit wie der Vorgang oder der Gehalt gemeint sein – also das Vorstellungsvermögen, das Vorstellen und auch das Vorgestellte.) Aber weder die Vorstellung als Präsentation noch als Imagination entspricht der Vorstellung als dem erkenntnistheoretischen Grundbegriff der Philosophie der Neuzeit, und tatsächlich entfernte sich auch hier wie in vielen Fällen die philosophische Terminologie vom alltäglichen Sprachgebrauch. Das Wort ›Vorstellung‹ bürgert sich in der deutschen Philosophensprache erst im 18. Jahrhundert durch Christian Wolff und seine Schule so ein, wie wir es dann auch bei Kant finden – als Übersetzung von lat. ›*repraesentatio*‹ und als oberster bewußtseinstheoretischer Grundbegriff. Auch muß man wieder zwischen Vermögen, Vorgang und Gehalt unterscheiden. Die Repräsentationen als repräsentierte Gehalte werden seit Descartes allgemein ›Ideen‹ (lat. *ideae*; engl. *ideas*; franz. *idées*) genannt. (Vgl. Med 145; vgl. dazu Kemmerling, 17 ff.) Dabei handelt es sich um eine eigentümliche Übernahme des Grundbegriffs der Philosophie Platons, die jedoch mit dessen Bedeutung fast nichts mehr zu tun hat; gleichwohl ist es uns selbst nicht fremd, Vorstellungen ›Ideen‹ zu nennen, nach dem Modell: »Ich habe da so eine Idee ...«.

Struktur und Genese des Vorstellungsbegriffs

Das Spezifische des philosophischen Vorstellungsbegriffs wird deutlich, wenn wir uns den Unterschied zwischen Präsentation und Repräsentation klarmachen. Wo ein neues Automodell präsentiert wird, ist es in einem Exemplar unmittelbar gegenwärtig. Der französische Botschafter hingegen, der Frankreich in Deutschland repräsentiert, ist zwar hier präsent, aber in ihm ist nicht sein Land selbst gegenwärtig, er vertritt es nur. Genau diese Präsenz zweiter Ordnung zeigt die Vorsilbe ›Re-‹ im Wort ›Repräsentation‹ an. In diesem Sinne meint ›Vorstellung‹ in der Philosophie als Übersetzung von ›*repraesentatio*‹ nicht die unmittelbare Gegenwart der Dinge in unserem Bewußtsein, sondern ihre vermittelte Gegenwart durch ihre Stellvertreter im Bewußtsein, und diese Stellvertreter werden selbst auch Vorstellungen genannt *(ideae/ideas/idées).*

Repräsentation ist somit Präsenz zweiter Stufe. Indem Descartes das im Bewußtsein Repräsentierte ›Idee‹ nennt, zeigt er, daß er sich dabei am Modell optischer Präsenz orientiert. Die griechische Wurzel ›id-‹ ist ein Partizip Perfekt und meint wörtlich ›Gesehenhaben‹; dem folgend bedeutet ›*idéa*‹ und das verwandte ›*eídos*‹ ursprünglich die Gestalt oder Form der gesehenen Dinge. Platon wendet dies in seiner Ideenlehre ins Philosophische und lehrt, daß alle Dinge in der sichtbaren Welt ihr Urbild und Vorbild in Ideen haben. In diesem Sinne ist die Idee des Schönen das Schöne selbst, das in höchstem Sinne schön ist und an dem als ihrem Urbild und Vorbild alle schönen Dinge teilhaben. Der Ideebegriff gehört somit in die umfangreiche Metaphorik des Gesichtssinnes, die unsere gesamte philosophische Terminologie bestimmt: ›Einsicht‹, ›Evidenz‹ (lat. *video* – sehen), ›Intuition‹ (lat. *intueor* – anblicken, erblicken), ›Licht der Vernunft‹, ›Aufklärung‹ sind wenige von vielen möglichen Beispielen. In der Tat versteht Platon das Erkennen durchweg als eine Art des Sehens und Wissen als ein Gesehenhaben von Einzeldingen – beides vor allem mit dem »geistigen Auge«, wo es sich um »das Wahre« im nachdrücklichen Sinne handelt, d.h. um die Ideen selbst als das wahre Seiende.

Diese Fixierung aufs Optische bleibt trotz aller Veränderungen im cartesianischen Begriff der ›*idea/idée*‹ erhalten. Auch wo es sich nicht um Vorstellungen des Gesichtssinnes handelt, wird das Vorstellen nach Descartes durchweg als ein Gewahrwerden von Einzeldingen aufgefaßt, für das das Sehen als paradigmatischer Fall erscheint. Zwar sagt Descartes, daß von allen Bewußtseinsarten *(cogitationes)* eigentlich nur denen, die »gleichsam Bilder der Dinge sind« (Med 29), der Name ›Idee‹ zukomme, aber das hindert ihn nicht daran, alles, was vom Geiste unmittelbar erfaßt wird – und das sind nicht nur Bilder der Dinge, sondern auch die Zustände und Aktionen des Bewußtseins selbst –, ›Ideen‹ zu nennen. Gleichwohl werden sie nach Descartes wie beim Sehen stets intuitiv, wie mit einem Blick erfaßt und sind deswegen ursprünglich immer etwas Singuläres. In diesem Sinne hat dann John Locke zwischen *ideas of sensation* und *ideas of reflection* unterschieden (vgl. Locke I, 108 f.) – zwischen sinnlichen Vorstellungen und Vorstellungen des Bewußtseins von sich selbst –, wobei beide Vorstellungsarten ursprünglich einfach sind, sich also auf Singuläres wie auf Einzelgegenstände beziehen. Auch der modernere Vorstellungsbegriff blieb durchweg der optischen Metaphorik verhaftet, so daß man trotz aller Variationen der nachcartesianischen Begriffsgeschichte sagen kann, daß Vorstellungen stets primär als Repräsentationen von Einzelnem und erst in zweiter Linie von Allgemeinem oder von Relationen aufgefaßt wurden. Dies gilt auch für Kant; seine definitorische Übersicht bezieht Vorstellungen durchweg auf Gegenstände.

Warum können wir in der Erkenntnis die Dinge nicht selbst präsentieren, so daß wir auf das Repräsentieren verwiesen sind? Die Antwort gab schon Aristoteles: weil wir in uns nicht Dinge, sondern nur Eindrücke *(pathémata)* von Dingen vorfinden, die sie in uns vermittelt durch unsere Sinnesorgane hervorrufen. (Vgl. Peri herm 16a f.) In der neuzeitlichen Philosophensprache heißen diese *pathémata* ›Empfindungen‹, und Kant definiert sie als bewußte Vorstellungen *(perceptiones)*, die sich nur auf das Subjekt beziehen. So setzt die Struktur des Vorstellungsbegriffs, der auch Kant noch folgt, die Subjektivierung des Verhältnisses von Repräsentierendem und Repräsentiertem voraus, und diese Subjektivierung ist auch die Basis für Descartes' Rückgriff auf den Platonischen Ideenbegriff. Die kognitive Grundbeziehung ist für ihn die des *cogito* auf ein *cogitatum*, wobei das ›cogitare‹ alle denkbaren Bewußtseinsakte wie Fühlen, Wahrnehmen, Anschauen,

Wollen und auch Denken umfaßt und das ›*cogitatum*‹ die jeweiligen Inhalte dieser Bewußtseinsakte. Statt des Ausdrucks ›*cogitatum*‹, den wohl erst Husserl sinngemäß interpoliert hat, verwendet Descartes selbst den Ausdruck ›*idea/idée*‹. Vorstellungen sind also »innere« Gegenstände, Objekte am Orte des Bewußtseins, und sie dürfen nicht umstandslos mit Gegenständen im üblichen Sinne des Wortes verwechselt werden. In moderner Terminologie sind Vorstellungen *intentionale* Gegenstände – gemäß der berühmten Formel von Franz Brentano, nach der es die Besonderheit des Bewußtseins gegenüber allem anderen in der Welt ist, daß es immer Bewußtsein *von etwas* ist, und dieses Etwas ist zunächst selbst nur im Bewußtsein – ein bewußtseinsinterner Gegenstand.

Die cartesianische Erkenntnistheorie, die sich am Vorstellungsbegriff orientiert, vertritt also die These, daß unser Bewußtsein es ursprünglich mit singulären und unverbundenen mentalen Gegenständen zu tun hat, und diese inneren Gegenstände sind unsere Vorstellungen, aus denen unsere Erfahrungswelt besteht. Der Philosophie der Antike war der Begriff der Vorstellung vertraut – bei Aristoteles kann man einiges über die *phantasía* finden (vgl. De an 427b ff.) –, aber er gehörte in die Seelenlehre und war weit entfernt davon, eine philosophische Schlüsselrolle zu spielen. Fragt man nach den Gründen, warum ›Vorstellung‹ in der Philosophie der Neuzeit den außerordentlichen Rang eines philosophischen Grundbegriffs erlangte, so ist daran zu erinnern, daß das Philosophieren seit Descartes systematisch mit dem *Zweifel* beginnt. Dies bedeutet die methodische Vorordnung der Erkenntnistheorie vor alle materialen philosophischen Untersuchungen; wenn die Erkenntnistheorie somit mit dem Vorstellungsbegriff beginnt, wird er zum Fundament der Philosophie überhaupt. Entscheidend ist dabei, wie im Cartesianismus der Zweifel selbst verstanden wird – nicht als

L'art pour l'art, sondern als methodische Haltung mit dem Ziel, gegen die Macht der Traditionen, Autoritäten und Vorurteile das Erkennbare mit der eigenen Einsicht zu verbinden und auf diese Weise auch im Wissen »vernünftige Selbständigkeit« (vgl. Mittelstraß, 13) zu erlangen. Bei der begrifflichen Fassung des Zweifels orientiert sich seine Tradition an der klassischen Wahrheitsformel der Übereinstimmung bzw. Angemessenheit von Sache und Bewußtsein *(adaequatio rei et intellectus)*, wobei das Zweifeln selbst als gedankliche Aufhebung dieser *adaequatio* aufgefaßt wird. Damit ist das Denken ganz auf den *intellectus*, d.h. auf sich selbst und seine Vorstellungen *(cogitationes, ideae)*, zurückgeworfen. Das ist auch der Grund, warum seit Descartes die Rekonstruktion des Wissens nicht wie bei Aristoteles mit der sinnlichen Wahrnehmung beginnt, sondern mit der Vorstellung. In der Tat vergegenwärtigt Descartes sich zunächst seine verschiedenen Vorstellungen *(ideae/idées)* und fragt dann nach ihrer Herkunft, die Locke später ausschließlich in der Wahrnehmung aufsucht, während Descartes auch von »eingeborenen«, nicht auf Sinnlichkeit zurückgehenden Vorstellungen ausgeht.

Das Ergebnis des cartesianischen Zweifels ist somit die Verlegung der Relation von ›Bewußtsein‹ und ›Gegenstand‹ in das Bewußtsein selbst, wodurch die Vorstellungen, was ihren Gehalt betrifft, den Status »innerer«, d.h. intentionaler Gegenstände erhalten. Fragt man dann, wie sich die Vorstellungen als »innere« Gegenstände zu denen der »Außenwelt« verhalten, so erscheint diese Beziehung seit Aristoteles durchweg als eine psycho*kausale*, wobei die Sinnesorgane die Brücke bilden und uns *pathémata*, Eindrücke oder Empfindungen liefern. (Kant nennt das später »Affektion«.) Die neuzeitliche Erkenntnistheorie geht aber darüber hinaus, und zwar dadurch, daß sie die Aristotelischen *pathémata* eben als Vorstellungen, als Repräsentationen der Dinge auffaßt. Und da es wenig Sinn macht, zu behaupten,

Wirkungen repräsentierten ihre Ursache – im Donner hören wir keine Blitze –, lag es nahe, die kausale Deutung der Vorstellungen durch eine andere zu ergänzen: durch eine *semiotische* (zeichentheoretische) nach dem Schema des Verhältnisses von Zeichen und Bezeichnetem. Aristoteles hatte es im Hinblick auf die Beziehung von Dingen und Eindrücken beim Kausalen belassen und erst die Wörter Zeichen *(s ymbola)* der durch die Dinge in der Seele erzeugten Eindrücke genannt. (Vgl. Peri herm 16a) John Locke hingegen schreibt: »Denn von den Dingen, die der Geist betrachtet, ist – abgesehen von ihm selbst – keines dem Verstande gegenwärtig. Daher ist es notwendig, daß er noch etwas anderes als Zeichen oder Stellvertreter des Dinges, das er betrachtet, zur Verfügung hat, und das sind die Ideen.« (Locke II, 438) Für Locke besteht hier freilich kein Gegensatz, denn die »Zeichen oder Stellvertreter der Dinge« sind ihm zufolge ja selbst das Ergebnis kausaler Einwirkungen der Dinge auf das Bewußtsein; für ihn ist die psychische Beziehung zwischen Ding und Bewußtsein zugleich eine semiotische. Gleichwohl handelt es sich dabei um eine nichttriviale Erweiterung des Aristotelischen Modells, denn die Deutung von Vorstellungen als Wirkungen und ihre Deutung als Zeichen ist nicht einfach dieselbe; das Zweite folgt nicht unmittelbar aus dem Ersten. Nicht alle Wirkungen sind gleichzeitig Zeichen für ihre Ursachen. Diejenigen, bei denen dies tatsächlich der Fall ist, nennen wir Anzeichen oder Symptome; sie zeigen etwas anderes als sich selbst an und repräsentieren es dadurch semiotisch, wenn auch auf kausalem Wege.

Dieses Nebeneinander des Psychologischen und Semiotischen ist kennzeichnend für den erkenntnistheoretischen Diskurs der neuzeitlichen Philosophie mindestens bis zu Kant. Für ihn sind Vorstellungen immer zugleich Wirkungen und Zeichen, und vergegenwärtigt man sich, daß Wirkungen Ursachen, Zeichen aber

Bedeutung haben, versteht man, warum sich seit Descartes die Erkenntniskritik durch psychokausale Vorstellungsanalyse immer unmittelbar als Sprachkritik durch semiotische Bedeutungsanalyse verstehen konnte. So sagt schon Descartes, daß es gewiß sei, daß immer dann, wenn er etwas mit Worten ausspreche und er meine oder verstehe, was er sage, in ihm die Idee dessen vorhanden sei, was mit diesen Worten bezeichnet werde. (Vgl. Med 145) In dieser Deutung erhalten die Vorstellungen nicht nur den Status intentionaler Objekte unserer Vorstellungsakte, sondern den der Bedeutungen unseres Sprechens. Diesen Gedanken erhob John Locke zum Prinzip einer umfangreichen Sprachkritik im dritten Buch seines *Versuchs über den menschlichen Verstand*, in der es wie bei Descartes vor allem um die Entlarvung des leeren Geschwätzes und der sprachlichen Suggestion von Inhalten geht, die der Cartesianismus insgesamt der scholastischen Tradition vorwarf – gemäß der Frage: »Ist hier eigentlich von etwas oder von nichts die Rede?« Immer ging es darum, sich der sicheren und eindeutigen Bedeutung unserer Worte dadurch zu versichern, daß man die ihnen korrespondierenden Vorstellungen im Bewußtsein aufsuchte, die nach der Kritik der eingeborenen Ideen letztlich nur durch Affektion unserer Sinne durch die Dinge außer uns entstanden sein konnten. Auch Kant sagt, daß man die abstrakten Begriffe, um ihnen Sinn oder Bedeutung zu geben, »sinnlich« machen müsse, d.h. das ihnen »korrespondierende Objekt in der Anschauung darzulegen« (B 299) habe; auch für ihn ist der Gehalt eines psychischen Vorkommnisses wie der Anschauung dasselbe wie Sinn oder Bedeutung von Begriffen.

Für diese Tatsache hat Michel Foucault eine »archäologische« Erklärung gegeben – eine Deutung, die sich auf die dem »klassischen« neuzeitlichen Denken seit dem Ende der Renaissance bis zur Zeit um 1800 zugrundeliegende Wissensformation oder »Episteme« bezieht. (Vgl. Foucault, 78 ff.) »Archäologisch« sei sie, weil solche Formationen den Zeitgenossen insofern nicht bewußt sein können, als sie ihr jeweiliges Denken und seine Strukturen erst ermöglichen; man könne sie nur im nachhinein durch vergleichende Forschung rekonstruieren. Im Unterschied zur Episteme der Renaissance und der Moderne ist die Episteme der »Klassik« gekennzeichnet durch die binäre Beziehung zwischen Zeichen und Bezeichnetem, Repräsentierendem und Repräsentiertem. Die Besonderheit dabei sei hier, daß sich das Repräsentierende selbst im Unterschied zum Repräsentierten *als* repräsentierendes präsentiere. Von hier aus wird verständlich, warum sich in dieser Episteme die Vorstellungen als psychische Tatsachen zeigen, die etwas vorstellen, und dabei zugleich als Zeichen, die etwas bezeichnen; psychische und semiotische Repräsentation fallen hier zusammen. (Vgl. Foucault, 98 ff.) Auf diese Weise wird die gemeinsame Wurzel der beiden Aspekte des Vorstellungskonzepts sichtbar, darüber hinaus auch der Grund, warum Kant es für undefinierbar hielt. Sie ist auch die Vorbedingung der Möglichkeit des cartesianischen Zweifels. Bei Descartes und explizit bei Kant ist es für das Bewußtsein charakteristisch, daß es seiner selbst als Bewußtsein bewußt sein und Vorstellungen von sich gewinnen kann, mithin mögliches Selbstbewußtsein ist. Dies aber gründet in der Tatsache, daß es nicht nur Vorstellungen hat, sondern sie *als* Vorstellungen hat und dadurch überhaupt erst auf die Idee kommen kann, sie könnten *bloße* Vorstellungen ohne Realitätsgehalt sein. Für Foucault ist die neuzeitliche Idee der ursprünglichen Reflexivität des Bewußtseins, die freilich nicht immer aktualisiert sein muß und von der in der antiken Philosophie und seit Augustinus nur gelegentlich die Rede ist, fundiert in der epistemischen Grundfigur der »Klassik«.

Kants Stellung ist hier besonders interessant. Auf der einen Seite wendet er sich vehement gegen die cartesianische Redeweise von Vorstellungen als Ideen und versucht, die Platonische Fassung dieses Begriffs zu rehabilitieren; Ideen sind nach Kant Vernunftbegriffe. (Vgl. B 369 ff.) Auf der anderen Seite zeigt die zitierte Übersicht, daß Kant am Vorstellungsbegriff i. S. von ›Repräsentation‹ festhält, wobei er auch Bewußtseinsformen wie Erkenntnisse und Begriffe ›Vorstellungen‹ nennt, die offensichtlich nicht repräsentieren, denn es ist schwer zu sagen, was Erkenntnisse, die immer die Form von Urteilen haben, repräsentieren sollen, wenn man nicht von der gesamten cartesianischen Tradition, die sich in ihrer Vorstellungstheorie immer an Einzeldingen orientierte, abweichen möchte. Daß Begriffe, die Kant »*allgemeine (repraesentationes per notas communes)* oder *reflektierte* Vorstellungen« (Logik A 139) nennt, selbst nicht repräsentieren, sondern nur durch die ihnen korrespondierende Anschauung, bedeutet, daß sie bestenfalls die Form einer Repräsentation bereitstellen, aber nicht mehr. Tatsächlich war Kant, wie Foucault feststellt, schon dabei, die Episteme der Repräsentation zu verlassen (vgl. Foucault, 299 f.), konnte sich jedoch offensichtlich von der durch sie festgelegten Terminologie noch nicht wirklich lösen.

Probleme des Vorstellungsbegriffs

Ehe man entscheiden kann, ob das Vorstellungsmodell tatsächlich die Aufgaben erfüllen kann, die die cartesianische Tradition ihm zuwies, gilt es sich die Probleme zu vergegenwärtigen, die das Vorstellungskonzept aufwirft.

Zunächst befindet es sich im Konflikt mit der Propositionalitätsthese, die sich aus der grammatischen Analyse des Wissensbegriffs ergibt. Bei der Vorstellung als Präsentation und als Imagination haben wir damit keine Schwierigkeiten; in der Regel präsentieren oder imaginieren wir nicht einfach Dinge oder Gegenstände, sondern Dinge und Gegenstände mit bestimmten Eigenschaften, und dies drücken wir dann sprachlich in ganzen Aussagesätzen aus. Die cartesianische Tradition des philosophischen Vorstellungsbegriffs hingegen hält die dort ›ideae/ideas/idées‹ genannten primären Vorstellungsgehalte durchweg für Repräsentanten singulärer *Gegenstände*, während die Repräsentation von *Sachverhalten* als sekundär gilt und sich erst aus der Kombination von Repräsentationen singulärer Gegenstände ergeben soll. Die neuzeitliche Vorstellungstheorie von Descartes bis Husserl und darüber hinaus folgt somit *nicht* der Propositionalitätsthese und stimmt darin nicht mit unserem vorphilosophischen Verständnis von Vorstellungen als präsentierten oder imaginierten Sachverhalten überein. Diese Abweichung kann man nur philosophiehistorisch erklären. Daß Vorstellungen immer zuerst singuläre Gegenstände repräsentieren sollen und erst in zweiter Linie Sachverhalte, ist eine Überzeugung, die sich zunächst aus der durchgängigen Orientierung unserer philosophischen Tradition am Schema ›Substanz-Akzidens‹ ergibt, von dem mit gutem Grund vermutet wurde, daß es selbst der Satzstruktur ›Subjekt-Prädikat‹ in den indoeuropäischen Sprachen folgt. (Vgl. Russell, 33) Dadurch geht es hier in der Erkenntnis immer primär um selbständige, für sich subsistierende Gegenstände, auf die wir uns grammatisch mit Subjektausdrücken beziehen; deren Eigenschaften, die wir mit Prädikaten ansprechen, sollen demnach nur unselbständig an den Substanzen existieren und erst in einem zweiten Zugriff faßbar sein. Nun können wir aber auch über Eigenschaften sprechen, sie zum Gegenstand machen und in Subjektausdrücken zu repräsentieren versuchen; auf diesem grammatisch vorgezeichneten Weg werden Eigenschaften selbst zu vermeintlich selbständigen Vorstellungsgehalten. So entsteht der grammatische Schein, daß wir es bei unseren Vorstellungen immer mit etwas Singulärem zu tun hätten: wenn nicht mit Einzeldingen, dann eben mit Eigenschaften als singulären Gegenständen eigener Art. Auf diese Weise gelangte Platon zu seiner Ideenlehre: Er faßte die Eigenschaften, die als allgemeine vielen singulären Gegenständen zukommen können, als singuläre Gegenstände auf, beispielsweise das Schönsein als das substantivierte »Schöne selbst« oder die Schönheit. Der mittelalterliche Universalienrealismus, der die allgemeinen Bestimmungen der Dinge selber »real«, d.h. wie Dinge auffaßte, folgte Platon, ohne freilich den Ideenbegriff zu verwenden; auch für ihn präsentieren Eigenschaftsausdrücke *etwas* – z.B. steht dann ›rot‹ für die Röte. Die Philosophie der Neuzeit hingegen steht im Zeichen des Nominalismus; sie hat Schwierigkeiten mit abstrakten Gegenständen wie der Schönheit oder Röte, hält sie für bloße Abstraktionsprodukte und die entsprechenden Ausdrücke für bloße Namen. Dies entspricht auch unseren intuitiven Überzeugungen.

Der nominalistische Rückzug aufs Singuläre setzte sich auch in der Vorstellungspsychologie fort. Zwar hatte noch Locke trotz seiner Kritik der eingeborenen Ideen keine Schwierigkeiten mit allgemeinen Vorstellungen wie ›das Dreieck‹ oder ›die Farbe Rot‹, aber er traktierte sie genauso wie Descartes vor ihm nach der Art singulärer Gegenstände. Die allgemeinen Vorstellungen führen auf das schon erwähnte Problem: Ich kann mir doch gar nicht das Dreieck überhaupt vorstellen, sondern immer nur ein bestimmtes Dreieck – ein schlagendes Argument George Berkeleys gegen John Locke (vgl. Berkeley, 13 ff.). Und was die Farbe Rot betrifft, so hat Rot überhaupt oder die Röte noch niemand gesehen, sondern immer nur ein bestimmtes Rot. Die cartesianische Tradition gelangte zu der Annahme, unsere Bewußtseinsinhalte bestünden ursprünglich aus ganz einfachen sinnlichen Gegebenheiten (Eindrücken, Sinnesdaten etc.), aus einem chaotischen »Mannigfaltigen« (Kant) also, aus dem dann durch Gewohnheit, die die sinnlichen Atome miteinander verknüpft, die

Gegenstände für uns entstünden. Diese atomistische Assoziationspsychologie, die bis ins 20. Jahrhundert die Erkenntnistheorie bestimmte, ist die letzte Konsequenz aus dem Nominalismus der neuzeitlichen Philosophie, dem zufolge nur Singuläres real ist und alles Allgemeine bloße Konstruktion; einzelne Dinge oder Gegenstände, von denen der Common sense fraglos ausgeht, sind hier selbst noch viel zu allgemein, denn sie lassen sich als Komplexe oder gesetzmäßige Zusammenhänge von in einzelnen Sinneseindrücken repräsentierten Eigenschaften auffassen. Daß uns die Gestaltpsychologie der Wahrnehmung seit 1900 eindrucksvoll zeigte, daß Wahrnehmung so gar nicht geschieht, sondern immer in bezug auf schon als strukturiert erfahrene Wahrnehmungsfelder, hat die moderne Erkenntnistheorie lange überhaupt nicht beeindruckt: Obwohl der Cartesianismus immer den Zweifel hochhielt, bildete er doch seine eigene Art des Dogmatismus aus – den der ursprünglichen Unverbundenheit aller unserer Vorstellungen. Noch Kant sagt: »die *Verbindung (coniunctio)*, eines Mannigfaltigen überhaupt, kann niemals durch Sinne in uns kommen« (B 129); dieses Mannigfaltige muß ihm zufolge erst mittels des Denkens zur Einheit des Gegenstands »synthetisiert« werden.

Die durch das metaphysische Substanz-Akzidens-Schema nahegelegte Überzeugung, daß sich Vorstellungen primär immer auf singuläre Gegenstände – und sei es auf einzelne allgemeine Vorstellungen – und erst sekundär auf Sachverhalte bezögen, wurde weiter verstärkt durch die bis auf Platon und Aristoteles zurückgehende und erst von Frege korrigierte Urteilstheorie, der zufolge Urteile, die Sachverhalte repräsentieren und die wir in Aussagesätzen ausdrücken, eine Kombination oder Synthesis von Einzelvorstellungen sein sollen. Diese Theorie ist übrigens selbst schon vom grammatisch suggerierten Substanz-Akzidens-Schema abhängig. (Zur Kritik vgl. Tietz) So gelten gemäß der traditionellen Urteilstheorie Aussagesätze als zerlegbar in einzelne repräsentierende Ausdrücke: Bestehen sie denn nicht aus Subjekt, Prädikat und Kopula? Also stellt ›Die Rose ist rot‹ (im Sinn von ›Diese Rose ist rot‹) eine Verbindung der singulären Vorstellung einer Rose mit der allgemeinen Vorstellung der Röte durch die Kopula ›ist‹ dar. So etwas leuchtet intuitiv ein und verschafft indirekt jener vertrauten Vorstellung von ›Vorstellung‹ zusätzlich ein zähes Leben und Überleben. Nach Foucault ist in der Episteme der »Klassik« das allgemeine kognitive Ziel in allen Wissensgebieten die Eindeutigkeit aller Repräsentationen und die vollständige Übersicht über sie. (Vgl. Foucault, 82 ff.) Wenn dies zutrifft, versteht man, warum in dieser »Ordnung der Dinge« die Vorstellung von Sachverhalten nur als Verknüpfung von singulären Dingvorstellungen denkbar ist und daß wir ihr weiterhin verhaftet sind, wenn wir an der Synthesistheorie der Urteile festhalten.

Das Problem ist dabei nur: Wenn der Satz ›Die Rose ist rot‹ sinnvoll sein soll, müssen diese einzelnen Ausdrücke jeder für sich etwas repräsentieren. Daß dies möglich sei, ist aber ein grammatischer Schein, der durch die Syntax unserer Sprache erzeugt wird, in der wir Sätze tatsächlich so zusammensetzen. Doch in semantischer, d.h. die Bedeutung betreffender Hinsicht funktioniert die Sprache nicht so. Sätze sind nicht dadurch sinnvoll, daß die darin vorkommenden Wörter, jedes für sich, etwas repräsentieren, z.B. Vorstellungen. Denn es ist eben nicht möglich, z.B. das Urteil ›Die Rose ist rot‹ als Verknüpfung einzelner repräsentierender Ausdrücke aufzufassen. Daß ›diese Rose‹ die Rose vor mir repräsentiert, mag einleuchten, aber wie ist es mit ›Rosen sind rot‹, was ich mit ›Die Rose ist rot‹ auch gemeint haben könnte? Welche sind gemeint, und kann ich mir die, von denen ich rede, alle vorstellen? Das führt wieder auf das Problem der allgemeinen Vorstellungen. Gänzlich unplausibel wird das Vorstellungsmodell im Hinblick auf das ›ist‹, wenn wir es so verstehen, daß es das ›Sein‹ repräsentiere. Da betreten wir das schwierige Gebiet der Ontologie im Sinne von Heideggers »Seinsfrage«. (Vgl. SuZ 2 ff.) Doch diesen Tiefsinn können wir vermeiden, indem wir mit Frege und gegen Heidegger das ›ist‹ zum Prädikat rechnen und den angeführten Satz in ›Diese Rose‹ und ›…ist rot‹ zerlegen. Freilich bleibt dann die Frage, was ›…ist rot‹ repräsentiert.

Ein weiteres Problem: Die Unterscheidung zwischen Vorstellungen und bloßen Vorstellungen ist uns auch ohne Philosophie aus dem Alltag vertraut, und den cartesianischen Zweifelsverdacht, es könnte sich bei all unseren Vorstellungen um *bloße* Vorstellungen, z.B. um Sinnestäuschungen oder um Illusionen, handeln, können wir sicher verstehen, auch wenn wir ihn für eine maßlose Übertreibung zu halten geneigt sind. Nun sagt uns die Vorstellungsphilosophie, daß wir uns niemals auf die Dinge selbst unmittelbar beziehen könnten, um festzustellen, ob unsere Vorstellungen von ihnen mit ihnen übereinstimmen; wir können uns Dinge nur wieder vorstellen und haben dann nur Dingvorstellungen vor uns und keine Dinge. Die gesamte cartesianische Tradition ist davon überzeugt, daß unser Bewußtsein geschlossen ist und sich mit nichts anderem als mit seinen Vorstellungen beschäftigen kann. Die Theorie, der zufolge wir uns nicht direkt auf die Dinge, sondern nur im Medium unserer Vorstellungen als den Repräsentanten, »Zeichen oder Stellvertretern« der Dinge auf sie beziehen können, heißt ›Repräsentationalismus‹. (Vgl. Schumacher 2001) Diese Position leuchtet vielen unmittelbar ein, weswegen sie bis heute viele Anhänger hat; sie ist die Konsequenz der durch den cartesianischen Zweifel erzwungenen Subjektivierung der Relation ›Bewußtsein-Gegenstand‹, der die neuzeitliche Erkenntnistheorie mit wenigen Ausnahmen gefolgt ist.

Zu ergänzen ist, daß der Repräsentationalismus, der behauptet, daß unsere Vorstellungen (Ideen) die einzig möglichen Gegenstände unseres Bewußtseins sind, weil sie als etwas Mentales, d.h. nur im Bewußtsein Vorhandenes, sich nicht auf Physisches außerhalb des Bewußtseins beziehen könnten, ›Idealismus‹ im erkenntnistheoretischen Sinn des Wortes genannt wird. Schopenhauers berühmte These »Die Welt ist meine Vorstellung« ist die klassische Formulierung dieses Prinzips, das historisch auf George Berkeleys *»Esse est percipi«* (Sein ist Wahrgenommenwerden) zurückgeht, das bei ihm freilich Wahrgenommensein durch den göttlichen Geist meint. Wo die Welt nichts anderes ist als der Inbegriff unserer Repräsentationen im Bewußtsein, stellt sich die Frage, was diese dann, wenn es nichts außerhalb ihrer gibt, noch repräsentieren sollen; so verliert der Vorstellungsbegriff im Idealismus gänzlich seine intuitiv klare Bedeutung. Das ist auch der Grund, warum Kant hartnäckig versuchte, den Idealismus zu widerlegen. Den »problematischen« Idealismus, der methodisch von unseren Vorstellungen ausgeht und skeptisch fragt, ob sie denn tatsächlich etwas Objektives repräsentieren, nennt Kant »vernünftig und einer gründlichen philosophischen Denkungsart gemäß« (B 275), während er den dogmatischen Idealismus von Berkeley als irreführende und absurde Position ansieht. Kant stellt mit Bezug auf die Gegenstände unserer Erfahrung fest: Wenn wir nicht die von unserer Erfahrung unabhängigen »Dinge an sich« zumindest denken könnten, »würde der ungereimte Satz daraus folgen, daß Erscheinung ohne etwas wäre, was da erscheint« (B XXVII f.). Analog hierzu wären die Ideen im Idealismus dann Repräsentationen, die nichts repräsentierten außer sich selbst, und man wüßte nicht mehr, was ›Repräsentation‹ oder ›Vorstellung‹ noch bedeuten könnte. Kant ist kein Idealist, auch wenn er im Hinblick auf Raum und Zeit von »transzendentaler Idealität« (B 44) spricht, d.h. davon, daß

Raum und Zeit keine realen, außerhalb des Bewußtseins existierenden Strukturen sind, sondern subjektive Anschauungsformen, die objektive Erfahrung erst möglich machen. In diesem und nur in diesem Sinne spricht Kant dann auch von »transzendentalem *Idealism*« (z.B. B 518), aber er gehört nicht zum sogenannten deutschen Idealismus, der erst mit Fichte beginnt.

Diese Ansicht des Repräsentationalismus ist vollkommen kontraintuitiv, worauf vor allem die Vertreter der Common-sense-Philosophie (z.B. Thomas Reid oder G.E. Moore) immer wieder hingewiesen haben, und sie widerstreitet in der Tat dem gesunden Menschenverstand: Haben wir tatsächlich niemals Bäume und Sträucher vor uns, sondern nur unsere Vorstellungen von Bäumen und Sträuchern? Und ist es nicht ein Unterschied, ob wir von Bäumen und Sträuchern oder von unseren Vorstellungen von Bäumen und Sträuchern reden? Für dieses unwahrscheinliche Szenario hat man den schönen Ausdruck »cartesianisches Theater« gefunden (vgl. Dennett, 139 ff., angeregt durch Ryle, 335 ff.); tatsächlich sagen uns die Cartesianer, wir seien ganz in unser Bewußtsein eingeschlossen und erlebten darin wie auf einer Bühne die Vorstellung von Dingen, Zuständen und Ereignissen, von denen wir ja nicht umstandslos glauben sollten, sie seien »real« im Sinne einer von uns unabhängigen »Außenwelt«. Da möchte man fragen: »Welche Vorstellung wird denn heute auf dem cartesianischen Theater gegeben?« Eine solche Entfernung vom Common sense, die den Cartesianern immer wieder den Vorwurf der Absurdität ihrer Überzeugungen einbrachte (vgl. Gerhardt, 538), ist der Preis für die cartesianische Skepsis; wer nicht an seinen Erkenntniskräften zweifelt, kann getrost beim naiven Realismus bleiben, ohne den wir übrigens im Alltag nicht einen Augenblick überleben könnten.

Die Idee des cartesianischen Theaters ist aber nicht nur völlig unplausibel, sondern auch aporetisch. Folgt man dem Repräsentationsmodell wirklich konsequent, dann können wir als Theaterbesucher das, was dort auf der Bühne vorgestellt wird, nur wieder in unseren Vorstellungen vorstellen, und dieses Vorstellen der Vorstellungen auf dem cartesianischen Theater benötigt wieder Vorstellungen etc. Auf der Seite des Bewußtseins führt dieses Modell unvermeidlich in den sogenannten Homunculus-Fehlschluß (vgl. Schumacher 1998 und Keil 2003), der sich daraus ergibt, daß wir zu jedem Vorstellen ein Vorstellendes hinzudenken müssen – gewissermaßen einen »kleinen Menschen« als Besucher des cartesianischen Theaters –, das aber, damit überhaupt von ihm die Rede sein kann, selbst wieder nur durch ein Vorstellendes vorgestellt werden kann, und wieder ergibt sich ein unendlicher Regreß.

Der cartesianische Zweifel bedeutet ferner, daß die Vorstellungen, von denen auszugehen ist, immer erst einmal *meine* Vorstellungen sind. Vorstellungen, die nicht jemandes Vorstellungen sind, machen keinen Sinn. Somit bin ich in der skeptischen Situation, die uns Descartes beispielhaft für die gesamte neuzeitliche Erkenntnistheorie vor Augen stellte, erst einmal auf mich selbst und meine Vorstellungen verwiesen, deren Existenz ich zwar nicht bezweifeln kann, von denen ich aber zunächst noch nicht wissen kann, ob sie etwas außer mir repräsentieren. Dadurch erhält die cartesianische Subjektivierung des Vorstellungs- oder Repräsentationskonzepts einen noch genaueren Sinn, denn es wird ja nicht in Subjektivität überhaupt hineinverlegt, sondern erst einmal in mich selbst. So haben wir, wenn wir Descartes folgen, zunächst die Perspektive der 1. Person oder des ›Ich‹-Sagens eingenommen. Die Kehrseite dieser konsequenten Wendung zum Subjekt ist die Gefahr des Solipsismus (lat. *solum ipse* – allein ich selbst): Wenn ich es immer nur mit meinen Vorstellungen zu tun habe und jeder andere nur mit den seinigen – woher kann ich dann etwas von den Vorstellungen anderer wissen, und woher weiß ich, daß sie überhaupt Vorstellungen haben? Der Cartesianismus scheint uns alle, jeden für sich, in unser eigenes Bewußtsein einzuschließen, und es ist nicht leicht zu sehen, wie wir aus diesem Gefängnis herauskommen sollen. Die Probleme des Solipsismus und des »Fremdpsychischen« haben die Erkenntnistheorie bis ins 20. Jahrhundert beschäftigt, und Schopenhauers Machtwort, den Solipsismus könne man nur im Irrenhaus kurieren, zeigte keinen vernünftigen Ausweg auf.

Der Vorstellungsatomismus, der Repräsentationalismus und der Solipsismus sind wohl die drei größten Hypotheken, die uns die cartesianische Tradition hinterlassen hat; sie war angetreten, durch methodischen Zweifel den Skeptizismus zu widerlegen, und erzeugte dabei Lehren, die selbst zu unbesiegbaren Zweifeln Anlaß geben. – Der Vorstellungsatomismus ist unvereinbar mit allem, was wir über tatsächliche Wahrnehmungs- und Erkenntnisprozesse wissen; er ist ein durch rein philosophische Prämissen erzeugter Schein ohne empirische Grundlage, obwohl er besonders hartnäckig von Empiristen vertreten wurde. Der Repräsentationalismus ist abgesehen davon, daß er aporetisch ist, ein weit offenes Einfallstor für den erkenntnistheoretischen Skeptizismus, denn wenn wir tatsächlich nur über Vorstellungen verfügen, können wir nie wissen, ob diese mit den vorgestellten Dingen übereinstimmen, denn eine solche Übereinstimmung wäre ja wieder nur eine Vorstellung. Der Ausweg, einfach zu behaupten, die von uns nicht selbst erzeugten sinnlichen Vorstellungen verwiesen doch auf eine von uns unabhängige Ursache, die auf unsere Sinnesorgane eingewirkt habe, und die könne doch nur in den Dingen außer uns liegen, ist eine Sackgasse, denn niemand kann so etwas beobachtet haben; dazu müßte man sich außerhalb seines eigenen Bewußtseins aufstellen können, und selbst dann wäre solche Kausalität wieder nur eine Bewußtseinsvorstellung. Der Solipsismus schließlich ist der Preis, den wir zu zahlen haben, wenn wir uns mit Descartes ganz auf die Perspektive der 1. Person Singular festlegen lassen, und selbst wenn wir ihn nur als »methodischen Solipsismus« (vgl. Apel 1973 II, 220 ff.) verstehen, werden die Hindernisse beim Übergang zu einer von uns unabhängigen Außenwelt und zum Fremdpsychischen fast unüberwindbar.

Kritik der Vorstellung

Es kann nicht darum gehen, den Vorstellungsbegriff insgesamt zu verwerfen oder das Wort ›Vorstellung‹ aus unserer Sprache auszuschließen. Niemand wird bestreiten, daß wir Vorstellungen haben; die Frage ist nur, ob es angemessen ist, diese Einsicht als Grundlage von Erkenntnistheorie überhaupt zu akzeptieren. Kritik (griech. *krineîn*) meint Unterscheiden, und in diesem Sinne gilt es deutlich zu machen, was dieser Begriff in der Philosophie zu leisten vermag und was nicht. Wir können die Vorstellungsphilosophie aber nicht einfach fallenlassen, ohne zu fragen, was sie ursprünglich leisten sollte; erst dann können wir uns nach einer Alternative umsehen.

Die Vorstellungen wurden, wie oben gezeigt, durchweg als intentionale Gegenstände aufgefaßt, die in der Situation der cartesianischen Skepsis deswegen attraktiv waren, weil sie den Bereich bezeichnen, den der cartesianische Zweifel nicht zu erreichen vermag, handelt es sich doch um Gegenstände am Orte des *intellectus* oder des Bewußtseins selbst. So wird deutlich, daß die Vorstellungen weniger aus bloß psychologischen Gründen interessant waren als im Hinblick auf ihre Repräsentationsfunktion, denn es geht ja um Erkenntnis. So galt zwar ihre Existenz und Beschaffenheit als unbezweifelbar, nicht aber ihre Repräsentationsleistung; nicht als *bloße* Vorstellungen, sondern als mögliche Vorstellungen *von etwas* waren sie wichtig, und man wollte wissen, unter welchen Bedingungen sie tatsächlich etwas vorstellen. Im übrigen sollten die Vorstellungen »Sinn und Bedeutung« unserer Rede sichern, wobei die Wörter als Repräsentanten von Repräsentanten aufgefaßt wurden, deren Repräsentationsleistung dann unstrittig sei, wenn sie die im Bewußtsein unbezweifelbar vorhandenen primären Repräsentationen tatsächlich repräsentieren.

Daraus folgt, daß in der cartesianischen Tradition die Vorstellungen vor allem wegen ihrer semiotischen Funktion wichtig waren; nur als Zeichen von Bezeichnetem und nicht einfach als Wirkungen von Ursachen konnten sie ihre kognitiven und semantischen Aufgaben erfüllen. Die semiotische Beziehung wurde dabei häufig selbst kausalistisch gedeutet, aber das sollte nur erklären, wie Wirkungen Zeichen sein können; in der Terminologie von Peirce wurden hier alle Vorstellungen als *Indizes*, d.h. als Anzeichen oder Symptome von etwas von außen kausal Wirksamem gedeutet. Eine andere, dem Platonismus verpflichtete Deutung der semiotischen Beziehung folgt dem Abbildmodell; auch sie war sehr verbreitet und wurde zur Grundlage der Abbildtheorie in der Erkenntnistheorie. Zeichen als Bilder eines Abgebildeten nennt Peirce *Ikone* oder ikonische Zeichen. Es liegt jedoch auf der Hand, daß nicht alle unsere Vorstellungen bildlich sind; wir können uns auch Geräusche, Melodien und sogar Gerüche vorstellen, und da versagt die Bildmetapher. Stehen Zeichen weder in einer kausalen noch in einer abbildenden Beziehung zum Bezeichneten, spricht Peirce von *Symbolen*. (Vgl. Peirce II, 324 ff.) Diese Deutung der Vorstellungen findet sich auch schon bei Kant, und zwar dort, wo er in seiner Generalübersicht über die Vorstellungen auch solche aufführt, die nicht repräsentieren – die Begriffe nämlich, die *a priori* sind, also vor aller Erfahrung im Bewußtsein und unabhängig von ihr. Obwohl sie keine Bilder sind und »blind« ohne Anschauungen, nennt sie Kant auch ›Vorstellungen‹.

Als intentionale Gegenstände gelten die Vorstellungen der Vorstellungsphilosophie immer als Vorstellungen von etwas; sie sind die Gegenstände des Bewußtseins, das ja immer ein Bewußtsein von etwas ist. Darum müssen wir die Vorstellungsphilosophie insgesamt als eine Theorie der *Intentionalität* verstehen. Intentionalität ist die Fähigkeit des Intendierens, des etwas Meinens – Intentionen als Absichten sind davon nur ein Spezialfall –, so daß wir sagen können: Die Vorstellungen sind hier dasjenige, wodurch das Bewußtsein etwas meinen kann – entweder »innere« und »äußere« Gegenstände in der Erkenntnis oder die Bedeutung von Wörtern im sprachkritischen Diskurs; in beiden Fällen sind die Vorstellungen Vehikel des Meinens. Die Kritik des Vorstellungskonzepts, das eine Erklärung der Intentionalität des Bewußtseins leisten wollte, muß sich deswegen am Meinen orientieren: Was ist Meinen, und wie ist es möglich? Ist das Meinen ein psychischer oder ein semiotischer Prozeß? Wie Peirce gezeigt hat, ist das keine Alternative, denn das Meinen ist sicher auch ein psychischer Vorgang, der aber ohne Zeichenverwendung nicht denkbar ist. (Vgl. Peirce I, 186 ff.) Darum empfiehlt es sich, das Meinen am Leitfaden der Grammatik der Wortzeichen zu erläutern, die wir verwenden, wenn wir über das Meinen sprechen. Daraus ergibt sich eine Umkehrung der traditionellen Explikationsrichtung: Die Bedeutung des intentionalen Vokabulars, zu dem das ›Meinen‹ gehört, wird nicht erklärt durch den Hinweis auf angeblich reine, vorsprachlich vorhandene Bewußtseinstatsachen, vielmehr wird das, was sich in unserem Bewußtsein abspielt, am Leitfaden der Grammatik erläutert. Dagegen wird der Cartesianer einwenden, daß die Sprache ein ungenaues und schwammiges Medium sei, dem gegenüber die Bewußtseinstatsachen primär seien. Diese seien verläßlicher als das Gesprochene. In dem schon von Aristoteles vorgezeichneten Sinn gilt in der gesamten cartesianischen Tradition bis zu Husserl die Vorstellungsanalyse als Grundlage der sprachlichen Sinnkritik: Wenn man wissen will, ob bei bestimmten Worten von etwas oder von nichts die Rede ist, muß man untersuchen, ob hier die Vorstellungen aufweisbar sind, deren Repräsentanten die Worte zu sein beanspruchen.

Gehen wir wieder von dem Satz ›Die Rose ist rot‹ aus und fragen uns, was wir damit meinen. Wir erinnern uns daran, daß weder ›ist‹ als Kopula noch ›rot‹ als allgemeiner Terminus etwas zu repräsentieren vermögen, wir also damit auch nichts meinen können. Lassen wir daher dieses Urteil mit Frege aus dem Subjektausdruck ›Die Rose‹ und dem Prädikat ›...ist rot‹ bestehen. (Vgl. Frege, 26 ff.) Dabei zeigt sich, daß ›...ist rot‹ überhaupt nicht repräsentiert, und dies nicht nur wegen der Allgemeinheit von ›rot‹, sondern weil ›...ist rot‹ ein unvollständiger Ausdruck ist, der erst dadurch, daß ein singulärer Terminus an die Stelle der drei Punkte eingesetzt wird, etwas bedeuten kann. Und dies ist dann kein Gegenstand, sondern ein Sachverhalt, und den können wir meinen. Es gibt somit keinen vorstellbaren oder denkbaren Gegenstand, der ihnen entsprechen könnte – nicht einmal die platonische Röte.

Wenn nun Prädikate selbst nicht repräsentieren und mit ihnen allein auch nichts gemeint werden kann, wie sieht es dann mit dem singulären Terminus aus, mit ›dieser Rose‹? Hier sind wir tatsächlich geneigt, die Bedeutungen von Worten, die Einzeldinge betreffen – also singulären Termini wie Eigennamen, bestimmten Kennzeichnungen wie ›der gegenwärtige Bundeskanzler‹, aber auch deiktischen (hinweisenden) Ausdrücken wie ›dies‹ oder die Personalpronomina –, mit den Gegenständen gleichzusetzen, die wir in der Redesituation gerade vor uns haben. Aber wie ist es bei gerade abwesenden, nicht mehr existierenden oder gar fiktiven Gegenständen, z.B. dem Matterhorn, Napoleon oder Schneewittchen, über die wir doch auch sinnvoll reden können? Hier tendieren wir dazu, wieder die cartesianische Tradition in ihre Rechte einzusetzen und das, was wir in diesen Fällen meinen – also die Bedeutungen der einschlägigen Eigennamen –, mit den Vorstellungen in Zusammenhang zu bringen, die sich einstellen, wenn wir diese Ausdrücke mit »Sinn und Bedeutung« gebrauchen. So behauptete John Stuart Mill für viele andere vor und nach ihm, daß in solchen Fällen unsere Vorstellungen als gewissermaßen ›innere‹ Gegenstände die Bedeutungen der Ausdrücke für das Nichtpräsente bereitstellten. (Vgl. Tugendhat 1976, 349 ff.) Nimmt man dann noch den Gedanken hinzu, daß wir uns niemals direkt, sondern immer nur vermittels unserer Vorstellungen auf Gegenstände beziehen können, weil unser Bewußtsein »geschlossen« sei, dann gelangt man wieder zu der traditionellen Sichtweise, der zufolge Vorstellungen als psychische Tatsachen uns die Bedeutungen unserer Wörter bereitstellen; für viele hat sie auch heute noch erhebliche Plausibilität.

Diese cartesianische Bedeutungstheorie ist eine Variante der Gegenstandstheorie der Bedeutung, und zwar die Version, die sich bei »Sinn und Bedeutung« auf innere Gegenstände beschränkt. Sie ist offensichtlich unplausibel, denn es ist ein Unterschied, ob wir über das Matterhorn, Napoleon und Schneewittchen oder über unsere Vorstellung vom Matterhorn, von Napoleon und von Schneewittchen sprechen. Den Unterschied kann diese Theorie nicht erklären, es sei denn, sie operiert mit Vorstellungen von Vorstellungen, was aber im Verdacht steht, in einen unendlichen Regreß zu führen. Wenn im übrigen die Bedeutungen der Wörter von den Vorstellungen abhingen, die sich bei ihrem Gebrauch bei uns einstellen, wäre nicht zu erklären, wie die intersubjektive Bedeutung solcher Ausdrücke zustande käme, wo wir doch alle unsere jeweils eigenen Vorstellungen haben. Es ist somit nicht sinnvoll, Vorstellungen als Bedeutungen von singulären Termini zu verstehen, auch nicht in dem Fall, wo wir über Vorstellungen reden. So stellt sich die Frage, worin sie dann bestehen: Wie ist es möglich, daß wir durch den Gebrauch singulärer Termini etwas Bestimmtes und allgemein Verständliches meinen können, seien es Gegenstände oder Vorstellungen, obwohl sie nicht selbst die Bedeutung dieser Termini sein können?

Dies wird zunächst dadurch deutlich, daß wir uns an das Modell der Intentionalität des Bewußtseins erinnern und das Meinen als ein Sichbeziehen auf Einzelgegenstände mit Hilfe solcher Ausdrücke verstehen. Diesen Vorgang nennt die philosophische Fachsprache ›Referenz‹. Mit der an der Optik orientierten Tradition der Vorstellungsphilosophie sind wir vielleicht geneigt, die Referenz als eine Art Anstarren von Gegenständen oder zumindest der konzentrierten Aufmerksamkeit auf sie anzusehen, aber Referenz funktioniert so nicht: Selbst wenn ich die Rose ganz genau ansehe, habe ich mich redend noch nicht auf sie bezogen. Referenz ist eine durch die Sprache bereitgestellte Möglichkeit, Einzelgegenstände zu meinen, wobei ›Gegenstand‹ alles sein soll, worauf wir uns mit singulären Termini beziehen können: also auch Raum- und Zeitstellen, Sachverhalte, Zustände oder Ereignisse. Die Gegenstandstheorie der Bedeutung wird deshalb, weil sie den Bezug von Termini auf Gegenstände als ihre Bedeutung auffaßt, auch ›Referenztheorie der Bedeutung‹ genannt. Sie scheitert daran, daß singuläre Termini nur im Zusammenhang des Satzes etwas bedeuten, daß also der Satz die kleinste Bedeutungseinheit der Sprache ist. (Vgl. T 3.3) Etwas meinen, d.h. uns sprachlich auf etwas beziehen, können wir nur durch den Gebrauch von ganzen Sätzen, mögen dies im Frühstadium unseres Spracherwerbs auch nur Einwortsätze sein. In psychologischer Redeweise bedeutet das: Nur im Medium des Meinens von Sachverhalten können wir Gegenstände meinen, und dies ist selbst keine ursprünglich psychische Tatsache, sondern gründet in der Grammatik singulärer Ausdrücke.

In semantischer Hinsicht machte die Vorstellungsphilosophie den Fehler, beim Meinen nur die Referenz zu sehen und zu glauben, sie werde für alles übrige schon sorgen. Sie übersah ferner, daß wir etwas immer nur *als* etwas meinen können, d.h. als Fall von ...; alles, worauf wir uns redend beziehen, verstehen wir immer schon in einer bestimmten Hinsicht, so daß es eine platonisch-optische Täuschung ist zu glauben, daß das reine kontextfreie Vorstellen eines Einzelgegenstandes die Grundlage unseres Denkens, Erkennens und Verstehens sei. In der Regel ist uns diese Als-Struktur des Meinens oder der Referenz von der Satzstruktur der Wortsprache vertraut, sie ist aber auch schon realisiert im instinktiven Verhalten – von Fröschen etwa, die vor ihnen bewegte Punkte als Beute zu schnappen versuchen – und dann im Umgang mit alltäglich Vertrautem, wo wir, ohne Sätze zu formulieren, beispielsweise die Zange einfach als Hammer benutzen. Die Als-Struktur bestimmt auch den Umgang mit nichtsprachlichen Symbolismen wie in der Choreographie, Malerei oder Musik, wo Gesten, Farben und Formen, Motive und Klänge als etwas verstanden werden können, ohne daß dies verbalisiert sein muß.

Die durchgängige Als-Struktur des Gebrauchs und des Verstehens singulärer Termini, die auf eine generelle Bestätigung der Propositionalitätsthese im Bereich der Intentionalität hinausläuft – denn das ›Etwas als etwas‹ ist selbst eine Proposition –, erledigt aber nicht nur den Vorstellungsatomismus samt der ihm folgenden Synthesistheorie des Urteils, sondern wegen der grundlegenden Differenz zwischen Vorstellung und Referenz auch den Repräsentationalismus. Freilich kann man einwenden, daß unter der Voraussetzung der Propositionalitätsthese es eben die ganzen Sätze seien, die repräsentierten, aber die Sachverhalte, die wir mit ihnen meinen, gibt es in der Welt nicht so, wie es Einzeldinge gibt. Sachverhalte, die bestehen, nennen wir Tatsachen, und wir sprechen von Tatsachen, wenn die Sätze, mit denen wir von ihnen sprechen, wahr sind; dann sagen wir: »Es ist eine Tatsache, daß p«. Aber da nicht ›p‹ die Tatsache ist, sondern ›... daß p‹, kann ›p‹ selbst die Tatsache nicht repräsentieren. Im übrigen repräsentiert ›... daß p‹ ebenso wenig etwas wie ›... ist rot‹. Der Solipsismus schließlich verliert seinen Schrecken, wenn wir uns vergegenwärtigen, daß das sprachliche oder zumindest symbolische Medium, in dem wir allein etwas meinen können, immer schon ein öffentliches oder intersubjektives Medium ist; mit Wittgenstein können wir strikt private Sprachen, die nur ein einziger versteht, aus der Betrachtung ausschließen. (Vgl. PU §§ 209 ff.)

Wahrnehmung

Auch beim Begriff ›Wahrnehmung‹ fällt (wie bei ›Vorstellung‹) das Mißverhältnis auf zwischen seiner geringen Bedeutung in der Umgangssprache und seinem Rang als erkenntnistheoretischer Grundbegriff, und dies nicht erst seit dem Beginn der neuzeitlichen Philosophie. In beiden Bereichen ist wieder die dreifache Bedeutung von Vermögen, Vorgang und Gehalt zu beachten. Im Alltag kommt das Wort ›Wahrnehmen‹ wohl am häufigsten als Erfolgswort vor: »Das habe ich damals wohl gesehen, aber gar nicht wahrgenommen.« Darüber hinaus verwenden wir es als Bezeichnung des aufmerksamen Zur-Kenntnis-Nehmens oder Registrierens von etwas mit den eigenen fünf Sinnen. Für die Vorgänge des Wahrnehmens gebrauchen wir in der Regel die

Wahrnehmungsverben ›sehen‹, ›hören‹, ›riechen‹ etc. Es klingt etwas gestelzt, wenn jemand statt »Ich habe es gehört« sagt: »Ich habe es wahrgenommen.« Statt dessen kommt ›Wahrnehmen‹ im Sinne des Erfolgswortes auch mit anderer Bedeutung vor – wenn es jemandem gelungen ist, seine Interessen wahrzunehmen.

Das griechische Wort ›aísthesis‹ meint ›Wahrnehmung‹, wobei das Verb ›aisthánesthai‹ Wahrnehmen i. S. von Bemerken bedeutet. Das lateinische Pendant ›perceptio‹, das die englische Wortgeschichte bestimmt *(perception)* gehört zu einer anderen Wortfamilie – zu *capio, cepi, captus*: fassen, greifen – und bedeutet das Erfassen, Ergreifen, Aufnehmen im mentalen oder geistigen Sinn, also auch das Bemerken, Wahrnehmen, Vernehmen.

Aspekte des Wahrnehmungsbegriffs

In erkenntnistheoretischen Zusammenhängen gilt die Wahrnehmung seit den Anfängen der Philosophie als das Tor der Seele oder des Bewußtseins zur Welt. Seitdem wurde die Seele immer wieder als Tabula rasa vorgestellt, d.h. als eine Wachstafel, die geglättet ist und nunmehr Schriftzeichen aufnehmen kann. Das Bild legt die Seele auf reine Rezeptivität fest, auf die Fähigkeit, etwas zu empfangen, und da lag der Vergleich mit dem Wachs nahe, in dem wir mit dem Siegelring Eindrücke hinterlassen (Theät 191 c) und der auch das Tabula-rasa-Modell bestimmt. Selbst das uns vertraute Wort ›Eindruck‹ oder David Humes Terminus ›*impression*‹ für die ursprünglichste Form unserer Bewußtseinsinhalte zehrt noch von dem uralten Vergleich der Wahrnehmung mit Prägungen in einem passiven Medium. Aristoteles versteht diese Eindrücke als die »Erleidnisse« *(pathémata)*, die die Sinnendinge vermittels der Sinnesorgane in der Seele hinterlassen. Die Philosophie der Neuzeit zieht dann die Orientierung am *percipere* vor, ohne freilich den im Erfassen, Ergreifen, In-sich-Aufnehmen auch enthaltenen aktivischen Wortsinn zu berücksichtigen; auch die *perceptio* galt allgemein als ein passives Widerfahrnis der Seele. Erst Kant rechnet dann mit Perzeptionen, d.h. bewußten Vorstellungen, die wie die Erkenntnisse und Begriffe auch auf die Spontaneität des Denkens verweisen.

So galt die Wahrnehmung stets als die erste und unentbehrliche Quelle von allem, was in der Seele präsent ist, als das Material oder der Stoff von allem, dessen sie sich in ihren Repräsentationen bewußt werden kann. John Locke sagt dazu:

»Nehmen wir also an, der Geist sei, wie man sagt, ein unbeschriebenes Blatt, ohne alle Schriftzeichen, frei von allen Ideen; wie werden ihm diese dann zugeführt? Wie gelangt er zu dem gewaltigen Vorrat an Ideen, womit ihn die geschäftige schrankenlose Phantasie des Menschen in nahezu unendlicher Mannigfaltigkeit beschrieben hat? Woher hat er alles das *Material* für seine Vernunft und für seine Erkenntnis? Ich antworte darauf mit einem einzigen Worte; aus der *Erfahrung (experience)*. Auf sie gründet sich unsere gesamte Erkenntnis, von ihr leitet sie sich schließlich her. Unsere Beobachtung, die entweder auf äußere sinnlich wahrnehmbare Objekte gerichtet ist oder auf innere Operationen des Geistes, die wir wahrnehmen *(perceive)* und über die wir nachdenken, liefert unsrem Verstand das gesamte *Material* des Denkens.« (Locke I, 107 f.)

Locke unterscheidet hier nicht deutlich zwischen Erfahrung, Wahrnehmung und Beobachtung; wichtig ist ihm nur der perzipierende oder rein rezeptive Charakter der Wahrnehmung als der Quelle des Materials von Erfahrung und Beobachtung. Hier stellen sich freilich zwei Probleme, die auch dem antiken Denken schon vertraut waren. Zum einen war die Frage zu beantworten, ob das Wahrnehmen eine allgemeine Fähigkeit der Seele ist, die auch ihre geistigen Fähigkeiten mit umfaßt, oder ob es auf die Reichweite der fünf Sinne eingeschränkt ist. Platon hatte das Erfassen der Ideen selbst als ein Wahrnehmen verstanden, wenn auch mit den »geistigen Augen« der Seele, und dies als Voraussetzung und Ziel wahrer philosophischer Erkenntnis angesehen. Die sinnliche Wahrnehmung galt ihm nur als Ausgangs- oder Zwischenstadium, das der wahrhafte Erkennende bald zu verlassen habe. Aristoteles hingegen legte später die Erkenntnis eindeutig auf ihren Ursprung in der sinnlichen Wahrnehmung fest. Ein klassischer Satz, den man fälschlicherweise Aristoteles zuschreibt, der aber tatsächlich von Thomas von Aquin stammt, formuliert diese Überzeugung: »*Nihil est in intellectu, quod non fuerit prius in sensu*« (Nichts ist im Verstand, was nicht vorher im »Sinn«, d.h. der sinnlichen Wahrnehmung gewesen wäre). (Thomas, Quaest 2.3.19) Der Streit darüber, ob es nicht auch eine intellektuelle Wahrnehmung gebe, durchzieht die gesamte Philosophiegeschichte bis in unsere Tage; hier soll jedoch nur von der sinnlichen Wahrnehmung die Rede sein.

Das andere Problem war, zu erklären, wie physische Dinge so auf die Seele einwirken, daß in ihr psychische Tatsachen entstehen können; auch hier hat Aristoteles eine lange Zeit überzeugende Antwort gegeben. Grundlegend für seine Philosophie ist die Unterscheidung zwischen Möglichkeit *(dynamis)* und Wirklichkeit i.S. von ›Verwirklichung‹ *(enérgeia)*, der zufolge die Wahrnehmung als Realisierung der Wahrnehmungsfähigkeit der Seele durch äußere, auf die Seele gemäß der fünf Sinnesorgane einwirkende Dinge verstanden wird. Zugleich gilt das Wahrnehmen als ein Aufnehmen der »wahrnehmbaren Formen *(aistheta eíde)* ohne Materie *(hyle)*, wie das Wachs das Zeichen des Ringes, ohne das Eisen oder das Gold aufzunehmen, [...] empfängt« (De an 424a 17 ff.). Es ist umstritten, ob Aristoteles mit dem Modell ›Form ohne Materie‹ wirklich auf den rein psychischen Charakter des Wahrgenommenen verweisen wollte; vor allem ging es ihm um die Kritik materialistischer Wahrnehmungstheorien, die seit Leukipp und Demokrit das Wahrnehmen als ein Eindringen besonderer Atome in die Sinnesorgane und in die selbst materiell aufgefaßte Seele verstanden. (Vgl. Rapp, 179 f.) Besonders kurios ist in diesem Zusammenhang die Wahrnehmungstheorie von Epikur, wonach die Dinge *eídola*, d.h. kleine Bildchen von sich aussenden, die über die Sinnesorgane in die Seele eindringen (vgl. Epikur, 70); auch sie bestätigt die These, daß das griechische Nachdenken über das Wissen durchweg von der Metaphorik des Gesichtssinnes bestimmt ist.

Der Hauptstrom unserer philosophischen Tradition ist Aristoteles gefolgt und verstand die Wahrnehmungen durchweg als *sinnliche* Unterart unserer Vorstellungen, als die Repräsentationen, die ihren Ursprung in unseren fünf Sinnen haben. Wichtig ist dabei, daß sie schon für Aristoteles nicht bloß als psychische Tatsachen interessant sind, sondern ebenso im Zusammenhang mit der Explikation von ›Wissen‹. Seine *Metaphysik* beginnt mit: »Alle Menschen streben von Natur nach Wissen« (Met 980a), um dann sofort auf die Sinneswahrnehmungen *(aisthéseis)* als Grundlage und Ausgangsbasis allen Wissens zu sprechen zu kommen. Die Frage, wie eine bloße *psychische* Tatsache wie das Vorhandensein von sinnlichen Eindrücken eine *epistemische*, d.h. das Wissen betreffende Bedeutung erlangen kann, ist wohl als die erkenntnistheoretische Grundfrage aller philosophischen Wahrnehmungstheorien anzusehen, und sie beschäftigt die modernen Wahrnehmungstheoretiker weit mehr als die psychologischen oder physiologischen Probleme.

Damit hatte sich schon Platon im *Theätet* beschäftigt – bei der ausführlichen Erörterung der Frage, ob Wissen *(epistéme)* Wahrnehmung *(aísthesis)* sei. Hier herrscht unter den Dialogpartnern Übereinstimmung darüber, daß Wissen, wenn es diesen Namen verdient, zwei Bedingungen erfüllt: Es bezieht sich »immer auf etwas, das ist, und ist untrüglich« (Theät 152 c).

Genau dies scheint auch bei der sinnlichen Wahrnehmung der Fall zu sein, denn immer ist sie die Wahrnehmung von etwas, was vorhanden ist, denn sonst wäre sie Wahrnehmung von nichts, und dieses Vorhandensein ist im Zustand des Wahrnehmens selbst unbestreitbar. In diesem Sinn sind auch wir geneigt, Wahrnehmungen wie Wissen zu behandeln, denn sehen wir rot, sehen wir etwas Rotes, und es wäre lächerlich, wenn jemand das, was wir da sehen, in Zweifel ziehen wollte. Tatsächlich besitzen schon im Alltag die Wahrnehmungen einen erheblichen erkenntnistheoretischen Kredit; fraglich ist freilich, ob das ausreicht, sie wie Wissen zu behandeln. – Die Diskutanten im *Theätet* erkennen, daß diese subjektive Sicherheit einen erheblichen Preis fordert, nämlich den der Relativität des Wahrgenommenen auf das wahrnehmende Subjekt; nur für den, der jeweils wahrnimmt, hat das Wahrgenommene den Charakter der Untrüglichkeit und Unbezweifelbarkeit. Deswegen kommt Sokrates sofort auf den Grundsatz aller Formen des Relativismus zu sprechen – den Satz des Sophisten Protagoras: »Der Mensch [jeder Mensch] ist das Maß aller Dinge, der seienden, daß sie sind, und der nichtseienden, daß sie nicht sind. Sein ist gleich jemandem Erscheinen.« (Theät 152 a) Er behauptet, diese Behauptung und die, daß Wissen Wahrnehmung sei, seien dasselbe. Auch wir sind nicht ohne weiteres bereit, einen Wahrnehmungsbericht als objektiv anzuerkennen, weil er wie alles, was sich auf Wahrnehmung stützt, von der Perspektive und den zufälligen Wahrnehmungsfähigkeiten des Wahrnehmenden abhängt. Wäre somit Wissen Wahrnehmung und nichts sonst, wäre der individuelle Relativismus des Protagoras unausweichlich und es gäbe keine Objektivität des Wissens.

Sieht man einmal davon ab, daß Platon im *Theätet* eine Schlacht gegen die Sophistik überhaupt ausficht – und dies nicht immer mit ganz fairen Mitteln –, so lassen sich doch einige erkenntnistheoretisch wichtige Einsichten festhalten. Da ist zunächst die These, daß Wahrnehmung und Wissen schon deswegen nicht identisch sein können, weil Wahrnehmen ein aktueller Vorgang und Wissen ein Besitz ist; folgte man dieser Gleichsetzung, könnte z.B. die Erinnerung nichts mit Wissen zu tun haben, was absurd ist. (Vgl. Theät 163 d) Hier bereitet Platon die Einsicht vor, daß Wissen im Unterschied zum Wahrnehmen dispositional ist und bestenfalls als ein Besitz oder eine Fähigkeit aufgrund eines Wahrgenommenhabens erklärt werden kann. – Des weiteren kann die Wahrnehmungstheorie des Wissens nicht die Möglichkeit des Irrtums erklären, denn in der Wahrnehmung ist etwas präsent oder nicht präsent, aber niemals etwas Falsches präsent. Deswegen halten nach dieser Theorie alle, die etwas wahrnehmen, das Wahrgenommene für wahr, und können dementsprechend auch keinen Begriff vom Falschen haben. (Vgl. Theät 170b ff.) Der Fehler liegt darin, sinnliche Präsenz, die nicht bestreitbar ist, mit Wahrheit zu verwechseln, zu deren eigenem Sinn die Falschheit als ihr Gegenteil gehört: Wenn alles wahr ist und nichts falsch, dann ist auch nichts wahr.

Wichtig ist ferner, daß Wahrnehmung nicht selbst Wissen ist, sondern das Mittel der Seele, mit dem sie Wissen erwirbt: »Das wäre doch erstaunlich, mein Junge, wenn in uns wie in hölzernen Pferden [wie im hölzernen Pferd von Troja] eine große Anzahl von Wahrnehmungen läge, ohne sich aber in irgendeinem einheitlichen Gesichtspunkt zu vereinigen, sei es in der Seele oder wie man es nennen soll, womit wir vermittels jener Wahrnehmungen gleichsam als Werkzeugen alles Wahrnehmbare wahrnehmen.« (Theät 184 d) So verliert die Wahrnehmung, sofern sie etwas mit Wissen zu tun hat, den Charakter eines bloß psychischen Geschehens, das sich ja auch in Neugeborenen und Tieren abspielt, und wird so, ohne selbst Wissen zu sein, zum Mittel der Seele, Wissen zu erlangen. Dies geschieht in den Schlüssen oder Folgerungen, die sie aus dem Wahrgenommenen zieht: »In jenen Eindrücken *(pathémata)* befindet sich also kein Wissen, wohl aber in den Schlüssen *(syllogísmoi)* daraus. Denn offensichtlich kann man hier Sein und Wahrheit erfassen, dort aber ist es unmöglich.« (Theät 186 d) Klar ist, daß die Schlüsse, die die Seele aus ihren Wahrnehmungen zieht, die Form von Sätzen und Satzverbindungen haben – genau dies bedeutet ›syllogismós‹. Und daß man nur hier das Wahre erfassen kann, liegt daran, daß nur Satzartiges wahr oder falsch sein kann. Dies ist ebenfalls eine platonische Einsicht. (Vgl. Soph 261d ff.) Platon vertritt somit selbst schon die Propositionalitätsthese des Wissens. Das irrtumsanfällige Erfassen des wahren Seins in propositionaler Form nennt Platon ›doxázein‹, was meist mit ›Meinen‹ übersetzt wird, vor dem Hintergrund des griechischen Wortfeldes aber genauer als Als-wahr-Annehmen oder als Glauben i.S. von Überzeugtsein (engl. *belief*) mit propositionaler Ergänzung zu verstehen ist. Darum geht der Dialog dann weiter mit der Erprobung der These, Wissen sei wahre Meinung/Überzeugung, um dann »Wissen ist wahre Meinung mit einer Erklärung« (Theät 210 c ff.) zu erreichen – also in freier Übersetzung die Standardformel »Wissen ist wahre gerechtfertigte Überzeugung«.

Platon formuliert hier erkenntnistheoretische Grundeinsichten, die niemals mehr verlorengingen – daß nämlich Wissen dispositional ist und daß es in seiner Aktualisierung propositional verfaßt ist. Darauf hat Aristoteles aufgebaut. Während Platon die Wahrnehmung als Wissensform verwirft, löst Aristoteles das sophistische Problem der Verschränkung von Sicherheit und Relativität dadurch, daß er die Wahrnehmung als zwar notwendige, aber keineswegs hinreichende Bedingung von Wissen versteht. Damit ist eine eindrucksvolle Rehabilitierung der Sinnlichkeit des Menschen gegenüber Platon verbunden, denn bei ihm erschien die sinnliche Wahrnehmung nur als Anlaß der

Seele, sich dann, wenn es um Wissen im nachdrücklichen Sinne geht, von den Sinnen abzuwenden; wirklich gewußt werden kann nach Platon nur das, was in Wahrheit »ist und untrüglich ist«, und das sind die Ideen als die nur mit geistigen Augen erfaßbaren »idealen« Gegenstände. Die sinnliche Wahrnehmung führt bloß zur *dóxa*, wohingegen Geometrie und Dialektik die einzigen Wege zu wahrem Wissen bzw. zum Wissen des Wahren eröffnen.

Die neuzeitliche Lehre von den eingeborenen Ideen seit Descartes kann man als eine Wiederkehr des Platonismus unter Bedingungen der Vorstellungsphilosophie ansehen. Vorstellungen, die wir vor allen sinnlichen Eindrücken und unabhängig von ihnen besitzen, wurden bereits seit dem Spätmittelalter als *a priori* charakterisiert, während die aus der Sinnlichkeit stammenden Vorstellungen *a posteriori* genannt wurden. Beide Kennzeichnungen werden bis heute auch auf Urteile, Theorien und ganze Disziplinen angewandt, die Substantivierungen ›das Apriori‹ und (seltener) ›das Aposteriori‹ eingeschlossen. John Locke ist derjenige, der durch seine Kritik an den eingeborenen Ideen erneut an die aristotelische Tradition anknüpft, dabei deren Lehre vom genetischen Primat der sinnlichen Wahrnehmung aber zu der These radikalisiert, alle Erkenntnis müsse, wenn sie gültig sein soll, auf sinnliche Perzeptionen zurückführbar sein und daraus rekonstruiert werden können. Dieser Reduktionismus zeigt sich schon darin, daß Locke das, was bei Aristoteles »Erfahrung« heißt und in Übereinstimmung mit dem vorphilosophischen Wortgebrauch eine ziemlich komplexe Wissensform darstellt, auf die sinnliche Perzeption zurückstuft. Dieser sensualistische (lat. *sensus* – der Sinn) Erfahrungsbegriff ist seit Locke die Grundlage dessen, was man ›Empirismus‹ nennt (griech. *empeiría* – die Erfahrung). Der Empirismus in der Tradition John Lockes ist ein sensualistischer Fundamentalismus, er versteht die

Sinneseindrücke nicht nur als Ausgangspunkt, sondern als die allein tragfähige Grundlage allen Wissens. Diese empiristische Grundposition wurde auch von Lockes Nachfolgern George Berkeley, David Hume u.v.a. festgehalten; im Empirismus des frühen 20. Jahrhunderts (Bertrand Russell, G.E. Moore, Alfred J. Ayer u.a.) werden diese Eindrücke allgemein ›Sinnesdaten‹ *(sense data)* genannt. Eine weitere Radikalisierung dieser Lehre findet sich im »Empiriokritizismus« von Ernst Mach und Richard Avenarius um die Jahrhundertwende, wo die Lockeschen ›ideas‹ als neutrale ›Elemente‹ der Erfahrung ausgegeben werden – mit dem Argument, daß deren subjektive Deutung als Wahrnehmungsdaten schon eine Interpretation des ursprünglich Vorhandenen sei. (Vgl. Mach, 8 ff.)

Kants Position in dieser Frage ist insofern bemerkenswert, als er das, was wir als Ergebnis der Affektion unserer Sinne in uns vorfinden, mit dem Begriff »Anschauung« belegt; die Wahl dieses Terminus zeigt, daß die Wirkungsgeschichte der optischen Metaphorik von Platon bis zu ihm reicht. Kant sagt: »Die Fähigkeit (Rezeptivität), Vorstellungen durch die Art, wie wir von Gegenständen affiziert werden, zu bekommen, heißt *Sinnlichkeit.* Vermittelst der Sinnlichkeit also werden uns Gegenstände gegeben, und liefert allein uns *Anschauungen.*« (B 33) Somit versteht Kant unter »Anschauung« die durch die Sinnlichkeit ermöglichte Präsenz von Gegenständen, der das »Gegebene« zugrunde liegt. Dabei kann keine Rede davon sein, daß für Kant nur optische Vorstellungen als Anschauung zählen, sondern das gesamte Feld der Sinnlichkeit ist gemeint. So greift er auf den alten *Aísthesis*-Begriff zurück und bezeichnet die Lehre von der Sinnlichkeit als Bedingung und Medium von Erkenntnis als »transzendentale Ästhetik«, wobei ›transzendental‹ nichts anderes meint als die die Erkenntnis ermöglichende Funktion der Sinnlichkeit. Nach Kant verfügen wir *a priori* über zwei Formen der Sinnlichkeit – Raum und Zeit –, in die alle unsere Eindrücke von vornherein hineinfallen und die deswegen nicht erst aus der Sinneserfahrung gewonnen sein können.

Den Wahrnehmungsbegriff hingegen reserviert Kant für ein höherstufiges Bewußtsein des Gegebenen; er sieht, daß von Wahrnehmung erst dann die Rede sein kann, wenn die vielfältigen sinnlichen Eindrücke nicht unverbunden bleiben. Diese Verbindung leistet nach Kant die »Synthesis der Apprehension« (von lat. *apprehendo* – anfassen, ergreifen), die »Zusammensetzung des Mannigfaltigen in einer empirischen Anschauung [...], wodurch Wahrnehmung, d.i. empirisches Bewußtsein derselben (als Erscheinung) möglich wird« (B 160). Kants These ist es, daß die empirische Anschauung nur unverbundene Eindrücke bereitstellt, die erst durch die »Synthesis der Apprehension« zur Vorstellung eines Gegenstandes verbunden werden müssen. Den so konstituierten Gegenstand nennt er ›Erscheinung‹. ›Erscheinung‹ meint also nicht ›Schein‹, sondern den »Gegenstand einer empirischen Anschauung« (B 34). »Dinge an sich« sind demzufolge nichts Geheimnisvolles, sondern die Gegenstände, sofern sie als unabhängig von empirischer Anschauung gedacht werden, und weil wir nur durch die Sinnlichkeit zu Erkenntnis gelangen können, sind die »Dinge an sich« trivialerweise unerkennbar. Die »Synthesis der Apprehension«, durch die die Anschauungen erst zu Wahrnehmungen werden, wie auch alle höheren und komplexeren Synthesisformen, sind nach Kant nicht etwas, was in den Sinnen geschieht, sondern Leistungen der Spontaneität des Bewußtseins selbst, hier der »Einbildungskraft« (B 162 Fußn.). Diese Spontaneität ist selbst die Quelle von eigenen Vorstellungen, von denen die wichtigsten die Kategorien, d.h. die »reinen«, erfahrungsunabhängigen Verstandesbegriffe sind. Kant ist somit ein Kritiker des empiristischen bzw. sensualistischen Fundamentalismus, weil ihm zufolge nicht alles, was zur Erfahrung gehört, auf das den Sinnen Gegebene zurückgeführt werden kann: »Daß all unsere Erkenntnis mit der Erfahrung anfange, daran ist gar kein Zweifel [...]. Wenn aber gleich alle unsere Erkenntnis mit der Erfahrung anhebt, so entspringt sie darum doch nicht eben alle aus der Erfahrung.« (B 1) In der Tat lehrt Kant, daß es »zwei Stämme der menschlichen Erkenntnis gebe [...], nämlich Sinnlichkeit und Verstand, durch deren ersteren uns Gegenstände *gegeben*, durch den zweiten aber *gedacht* werden« (B 29). Verbunden sind sie durch die Einbildungskraft. (Vgl. B 176 ff.) Sinnlichkeit und Verstand verhalten sich komplementär zueinander: »Keine dieser Eigenschaften ist der anderen vorzuziehen [...]. Gedanken ohne Inhalt sind leer, Anschauungen ohne Begriffe sind blind.« (B 75) Daß es nach Kant Begriffe sind, die die Anschauungen erst sehend machen, zeigt wieder die Abhängigkeit von der platonischen Denkfigur der optischen Präsenz; gleichzeitig distanziert sich Kant aber nachdrücklich von der Idee einer intellektuellen Anschauung durch den Verstand und damit vom Platonismus: »Der Verstand vermag nichts anzuschauen, und die Sinne nichts zu denken. Nur dadurch, daß sie sich vereinigen, kann Erkenntnis entspringen.« (B 75)

Probleme des Wahrnehmungsbegriffs

Man kann Kants Kritik des Empirismus auf seine Unterscheidung zwischen dem Gegebenen und dem Gegenstand der Erfahrung zurückführen. Das in der Anschauung Gegebene ist nicht selbst schon der Gegenstand; dazu wird es erst durch die Synthesisleistungen des Bewußtseins. Dies gilt auch schon für die Wahrnehmung als Wahrnehmung von etwas. Kant bietet mit seiner Theorie eine Lösung an für ein altes Problem, das weder Aristoteles noch der Empirismus zu lösen vermochten – die Erklärung der Propositionalität des Wahrnehmungswissens. Für

Aristoteles war im Gegensatz zu Platon die Wahrnehmung die Ausgangsbasis allen Wissens. Aber dies sollte freilich keine Rückkehr zu ›Wissen ist Wahrnehmung‹ und damit zu Protagoras sein, weil ihm zufolge Wissen, das für ihn selbstverständlich dispositional ist, in seinen verschiedenen Formen als Erfahrungswissen sowie als »Kunst und Wissenschaft« – d.h. als praktisches und theoretisches Wissen des Allgemeinen – auf dem Weg über die Erinnerung *(mnéme)* aus der Wahrnehmung »entsteht«. Es ist jedoch nicht darauf reduzierbar, denn immer kommt etwas Neues hinzu: Während alle Tiere sinnliche Wahrnehmungen haben, verfügen nur einige über Erinnerung *(mnéme)* und Vorstellungen *(phantasíai)* und haben manchmal auch Anteil an Erfahrung, während Kunst *(téchne)* und Überlegung *(logismós)* dem Menschen vorbehalten bleiben. (Vgl. Met 980a 1 ff.) So wird die sinnliche Wahrnehmung als Wissensform gegen Platon dadurch rehabilitiert, daß sie als Vorstufe in eine genetische Reihe mit dem höchsten Wissen eingerückt wird. Bei Aristoteles erfahren wir fast nichts über diese »Entstehung« der höheren Wissensformen aus den elementaren; am Anfang der *Metaphysik* erscheint sie wie ein quasi natürliches Geschehen. Selbstverständlich kennt er den Unterschied zwischen Wahrnehmen und Denken, und er bestimmt das Denken im wesentlichen als ein Durchdenken *(dianoeísthai)* im Sinne eines Durchgehens der allgemeinen Bestimmungen und als Vermutung *(hypólepsis* – wörtlich ›Annahme‹), wobei wichtig ist, daß Denken im Unterschied zum Wahrnehmen auch falsch sein kann. (Vgl. De an 427b 7 ff.) Gleichwohl ist der Gedanke einer Spontaneität des Verstandes, von der mit abhängt, was uns als Gegenstand der Erkenntnis erscheint, eine Neuerung der Philosophie der Neuzeit, die wir über eine Reihe von Vorformen erst bei Kant formuliert finden.

Die Frage ist dann aber, wie das Verhältnis der Wahrnehmung als psychisches Geschehen, das in *De anima* genauer analysiert wird, zum Wissen zu bestimmen ist, das als die Art der Überzeugung, die auch falsch sein könnte, propositional verfaßt sein muß: Wie also verhalten sich Wahrnehmung und Wahrnehmungswissen zueinander? Wenn die Wahrnehmung im Hinblick auf die Relation der Dingqualitäten zu den entsprechenden Sinnesorganen tatsächlich »immer wahr«, d.h. untrüglich ist (vgl. De an 427b 12ff.), kann es sich in solchen Fällen, wenn Platon im *Theätet* recht hat, nicht wirklich um Wissen handeln. Soll somit Wahrnehmung etwas mit Wissen zu tun haben, muß man gegen Aristoteles schon die sinnliche Wahrnehmung als propositional auffassen – als ein Sehen, Hören etc., ›...daß p‹. Es ist keine Frage, daß Aristoteles die höheren Stufen der Erfahrung und Kunst bzw. Wissenschaft propositional versteht, nämlich als Erkenntnis des Einzelnen bzw. des Allgemeinen, was er selbst stets in Form von Sätzen erläutert – die Erfahrung z.B. durch das Wissen, daß dem Kallias diese bestimmte Arznei half, wenn er eine bestimmte Krankheit hatte, und die Kunst durch das Wissen, daß diese bestimmte Arznei allen hilft, die eine bestimmte Krankheit haben –, also in Gestalt eines singulären bzw. generellen Urteils. Wenn Wissen immer die Form von Urteilen aufweist, muß die Wahrnehmung, sofern sie irgend etwas mit Wissen zu tun haben oder anschlußfähig für Erfahrung oder Kunst bzw. Wissenschaft sein soll, selbst schon Wissen sein und die Urteilsform aufweisen. Das Verhältnis von Wahrnehmung und Wahrnehmungsurteil wurde von Aristoteles so bestimmt, daß das Wahrnehmungsurteil als eine Vermutung oder Annahme galt, daß das, was uns die Wahrnehmung zeigt (vgl. De an 427bff.), auch so sei, wie sie es zeigt. Aber das löst das Problem nicht, denn ich kann nicht den Baum oder ›grün‹ vermuten, sondern nur annehmen, *daß* der Baum grün ist; also muß das, was ich als das durch die Wahrnehmung Angezeigte vermuten oder annehmen kann, selbst schon propositional verfaßt sein.

Auch John Locke versteht das Urteilen als ein Vermuten, doch es ist für ihn nur eine Art Lückenbüßer für die sichere Erkenntnis, die »auf verhältnismäßig wenige Dinge beschränkt« (Locke II, 340 f.) sei: »Für die Fälle, in denen ein klares und sicheres Wissen nicht zu erlangen ist, hat Gott den Menschen als Ersatz die *Urteilsfähigkeit* verliehen. Bei dieser Methode nimmt der Geist an, daß seine Ideen übereinstimmen oder nicht übereinstimmen, oder was dasselbe besagt, daß ein Satz richtig oder falsch ist, ohne daß sich an den Beweisgliedern eine demonstrierbare Augenscheinlichkeit wahrnehmen ließe.« (Locke II, 341) »Klares und sicheres Wissen« bemißt sich wie bei Descartes am Maßstab der *clara et distincta perceptio*, der klaren und deutlichen Wahrnehmung, und die gilt ihm als sicheres Anzeichen der Wahrheit; wieder sind wir an Platon erinnert. Wissen und Urteilen sind dann zwei verschiedene Dinge: »Somit hat der Geist zweierlei Fähigkeiten, die sich mit der Wahrheit und Unwahrheit befassen: Erstens das *Wissen*; hierbei *nimmt* er mit Gewißheit *wahr* und überzeugt sich in zweifelsfreier Weise von der Übereinstimmung oder Nichtübereinstimmung irgendwelcher Ideen. Zweitens, das *Urteilen*; hierbei werden im Geist Ideen zusammengefügt oder getrennt, obwohl deren sichere Übereinstimmung oder Nichtübereinstimmung nicht wahrgenommen, sondern *vermutet* wird.« (Locke II, 342) Sieht man einmal von den Schwierigkeiten einer Wahrheitstheorie ab, die die Wahrheit als Übereinstimmung zwischen Vorstellungen auffaßt, so ist es erstaunlich zu sehen, wie Locke hier zur These des *Theätet* zurückkehrt, der zufolge Wissen Wahrnehmung sei, wenn auch eines propositionalen Sachverhalts, denn was hier wahrgenommen werden soll, daß nämlich Vorstellungen miteinander übereinstimmen, können wir nur in Satzform ausdrücken. Kants These, daß der Verstand nicht anschaut, richtet sich sowohl gegen Platon und den Platonismus der intellektuellen Anschauung wie gegen Locke und den Empirismus, der Wissen auf das urteilsfreie Wahrgenommenhaben von Übereinstimmungen und Nichtübereinstimmungen zwischen Vorstellungen reduzieren möchte. Nach Kant sind Anschauung und Denken als die Tätigkeit des Urteilens der Art nach verschieden, bedürfen jedoch einander, um Wissen zu ermöglichen. Deswegen ist Urteilen kein Ersatz für Anschauung oder Wahrnehmung und das Wahrnehmen keine Form des Denkens, die das Urteilen überflüssig machen könnte. Wo die Anschauung epistemisch relevant ist, kann sie es nach Kant nur dort sein, wo sie durch die Synthesis der Einbildungskraft in die Wahrnehmung eingegangen ist; erst dadurch hat das Bewußtsein es mit einem anschaulichen Gegenstand zu tun: mit ›dieser Rose‹. Dieser Gegenstand ist dann im nächsten Schritt dasjenige, worauf sich das Wahrnehmungsurteil ›Diese Rose ist rot‹ bezieht, das seinerseits erst durch das Denken möglich wird, denn Denken ist nach Kant Urteilen. Gegen Locke und den Empirismus besteht Kant somit darauf, daß das in der Anschauung Gegebene noch nicht der Wahrnehmungsgegenstand ist, über den wir Wahrnehmungsurteile fällen.

Eine weitere Schwierigkeit des Wahrnehmungsbegriffs betrifft die Frage, ob es so etwas gibt wie »innere« Wahrnehmung oder Introspektion. Während Aristoteles gegen Platon die Wahrnehmung auf die fünf Sinne einschränkt und kein »Gesicht der Seele« (Resp, 519b) anerkennt, spricht die neuzeitliche Philosophie seit dem 17. Jahrhundert immer wieder vom »inneren Sinn« *(internal sense)* als dem Medium der Selbstwahrnehmung – z.B. der *ideas of reflection* Lockes, in denen das Bewußtsein seine eigenen Aktivitäten wahrnimmt. Auch Kant ordnet das, was in der Anschauung nicht räumlich, sondern nur zeitlich erlebt wird – vor allem die Empfindungen – wie seine Vorgänger dem »inneren Sinn« zu, und er spricht dabei von »innerer Anschauung« (B 53). Ein solcher Ausdruck widerstreitet all unseren alltagssprachlichen Intuitionen, denn unsere Sinnesorgane sind abgesehen vom Körpergefühl alle nach außen gerichtet; niemand kann in sich selbst hineinsehen. So erweist sich ›innere Wahrnehmung‹ als eine sehr problematische Metapher. (Vgl. Tugendhat 1976, 92 ff.) Natürlich kennen wir verschiedene Formen der auf uns selbst gerichteten Aufmerksamkeit, der Selbstwahrnehmung oder Selbstbeobachtung: Wir fühlen uns so und so, hören, was wir sagen, betrachten unseren Körper im Spiegel oder beobachten unser Verhalten in bestimmten Situationen; niemals aber hat so etwas die Form »innerer Anschauung« im Sinne eines In-unser-Bewußtsein-Hineinsehens. Es ist also nicht einzusehen, was die Unterscheidung zwischen uns und der übrigen Welt mit der Differenz von Innen und Außen zu tun haben soll. Tatsächlich meinen wir mit dem ›Inneren‹ in der Regel das Private oder Intime als dasjenige, was nur uns selbst zugänglich ist, doch auch das ist »innen« wie »außen«, wenn damit das Psychische und Physische gemeint sein sollen. Obwohl lange Zeit in der wissenschaftlichen Philosophie die Introspektion als eine unumstrittene wissenschaftliche Methode galt, spricht vieles dafür, daß es sich dabei um eine grammatische Konfusion handelt (vgl. Ryle, 219 ff.), deren rationaler Kern nur die *Retrospektion* sein kann, d.h. die Vergegenwärtigung vergangener Situationen und Erlebnisse in der Erinnerung; diese aber ist wie die Erinnerung selbst keine Vorstellung im »cartesianischen Theater«.

Kritik der »reinen« Wahrnehmung

Bei der Kritik der »reinen« Wahrnehmung geht es um die These, daß es so etwas gebe wie eine ursprüngliche und allem Wissen und Können vorausliegende Fähigkeit sinnlicher Rezeptivität, die nichts voraussetzt und von der alles übrige abhängt. Seit Wilfrid Sellars berühmter Arbeit *Empiricism and the Philosophy of*

Mind (1956) hat sich dafür der Ausdruck ›Mythos des Gegebenen‹ eingebürgert, und es wird zu prüfen sein, ob trotz der unbestreitbaren Tatsache, daß der Empirismus das Gegebene zum Mythos gemacht hat, das Gegebene wirklich nichts anderes als ein Mythos ist.

Zur Verteidigung der reinen Wahrnehmung müssen meist die Neugeborenen herhalten; sie gelten als »leer« – so wie Computerfestplatten, auf denen erst einmal etwas gespeichert werden muß. Damit soll plausibel gemacht werden, daß ohne innere und äußere Reize nichts in unserem Bewußtsein wäre, was dann meist noch mit der weiterreichenden Behauptung verbunden ist, daß alles, dessen wir uns bewußt sein könnten, aus solchen Quellen stamme. Es ist hier nicht der Ort, um Angeborenheitstheorien zu diskutieren (vgl. Chomsky), das ist auch nicht das Problem; dieses liegt vielmehr in der Vorstellung einer ursprünglichen Voraussetzungslosigkeit und Kontextfreiheit unserer Wahrnehmungen. – Zunächst haben aber auch die Wahrnehmungen der Säuglinge wenig mit dem zu tun, was in der Erkenntnistheorie allein interessant ist, und das ist nur die epistemische, für Wissen relevante Wahrnehmung. Diese steht im Alltag und in der Wissenschaft immer schon in Zusammenhängen des jeweils bereits Gewußten oder als mögliches Wissen Interessanten. Epistemische Wahrnehmung ist darum kein bloßes Geschehen oder zufälliges Widerfahrnis, sondern in der Regel ein intentionales, von Absichten geleitetes Unternehmen, das wir Beobachtung nennen. Im Unterschied zu ›Wahrnehmung‹ ist ›Beobachtung‹ ein Projektwort. Natürlich gibt es auch zufällige Beobachtungen, die man nicht beabsichtigte; und wir nehmen vieles zufälligerweise wahr, was ohne einen für uns interessanten Wissenskontext nicht als Beobachtung gelten kann. Damit hängt auch die Tatsache zusammen, daß Aufmerksamkeit nur in Extremfällen wie Blitz, Donner oder Leuchtreklame etwas ist, was uns die

Umwelt aufzwingt, in der Regel ist sie eine subjektive Leistung, und ohne sie nehmen wir auch nichts wahr.

Kant bestimmt die Wahrnehmung als »Bewußtsein einer empirischen Anschauung« (Entd B 59), und zwar in dem präzisen Sinn, daß die Wahrnehmung die Anschauung ist, »deren ich mir bewußt bin« (Prol A 81); nur Wahrnehmungen als bewußte Anschauungen sind epistemisch relevant. Hierbei kann man den Ausdruck ›bewußt‹ durchaus als Variante des Erfolgssinnes von ›Wahrnehmung‹ verstehen: Daß man etwas wirklich wahrgenommen hat, besagt ja nichts anderes, als daß es einem bewußt geworden ist. Die Frage ist dann, wie wir uns unserer Anschauungen bewußt werden können, wo wir doch ständig zahllosen sinnlichen Reizen ausgesetzt sind, die die Schwelle der Bewußtheit nicht überspringen. In manchen Fällen mag ihre Aufdringlichkeit dies erzwingen, aber auch das ist subjektiv unterschiedlich; was die einen für bemerkenswert halten, wird von anderen überhaupt nicht wahrgenommen. Es ist also weniger die Stärke als der Zusammenhang der Eindrücke, von dem die Wahrnehmung als »bewußte Anschauung« abhängt. Wichtig ist: Dieser Zusammenhang ist in der Regel selbst schon ein Kontext des Wissens. Wenn wir über einen belebten Boulevard gehen, sehen wir physisch eine Unzahl von anderen Personen, wahrnehmen jedoch werden wir nur die, die uns an jemanden erinnern, die uns ungewöhnlich vorkommen, die wir besonders attraktiv oder ausnehmend widerlich finden. Wahrnehmen als bewußtes Sehen hängt somit vom Bezug des Gesehenen zu unseren vertrauten Wahrnehmungsmustern ab – vom Wahrnehmen von etwas als etwas. Diese Muster sind im Bestand unseres Wahrnehmungswissens in propositionaler Form »gespeichert«; nur was diesem Bestand entspricht oder widerspricht, erregt unsere Aufmerksamkeit.

Für diese Abhängigkeit epistemischer Wahrnehmung von einem Kontext, der dies allererst möglich macht, gibt schon Platon im *Theätet* ein eindrucksvolles Beispiel: »Wollen wir also zugeben, daß wir alles, was wir durch Sehen oder Hören wahrnehmen, zugleich auch wissen? Wollen wir zum Beispiel, bevor wir die Sprache von Fremden erlernt haben, entweder leugnen, wir hörten etwas, wenn sie Töne von sich geben, oder aber behaupten, wir hörten und wüßten zugleich, was sie sagen? Ferner, wenn wir ihre Schrift nicht kennen, sie uns aber ansehen, wollen wir dann versichern, wir sähen sie nicht, oder aber, wir verstünden sie, da wir sie ja sehen?« (Theät 163b f.) Nicht nur die Selektion, sondern das Verständnis des Wahrgenommenen, das ja in seiner elementaren Form ebenfalls ein Wahrnehmen von etwas als etwas ist, macht die Wahrnehmung epistemisch relevant. Noch deutlicher wird dies, wenn wir einem Jet-Piloten über die Schulter schauen: Was nehmen *wir* da wahr außer einer unüberschaubaren Fülle von Schaltern, Hebeln und Lichtsignalen, und was nimmt *er* wahr – zum Glück? Eine BSE-Probe unter dem Mikroskop sieht immer gleich aus, ob ich hindurchschaue oder ein Fachmann, aber was sehe ich da schon? Die Beispiele zeigen: Wahrnehmungs- oder Beobachtungswissen setzt ein ausgebildetes Unterscheidungsvermögen voraus, ohne das Selektion und Deutung des Wahrgenommenen unmöglich sind.

Wenn wir davon ausgehen, daß solche Einsichten des Common sense auch den antiken Philosophen bekannt waren, stellt sich die Frage, warum unsere erkenntnistheoretische Tradition trotzdem einen so unwahrscheinlichen Grenzfall wie die »reine«, voraussetzungs- und kontextfreie Wahrnehmung zur Grundlage und Ausgangsbasis aller Erkenntnis erhob, und dies auch dort, wo sie mit Platon mit »geistiger« Wahrnehmung rechnete. Tatsächlich sind im Alltag unsere Wahrnehmungen immer mit unserem praktischen Weltumgang verwoben, und die »reine«, ganz kontemplative (lat. *contemplor* – beschauen, betrachten) Wahrnehmung ist ein Grenzfall. Als Kinder müssen wir erst lernen, daß wir nicht alles anfassen dürfen, was wir sehen, und die taktile Zurückhaltung in Museen ist ebenso eine kulturelle Leistung wie der Verzicht darauf, die Mona Lisa einfach weiterzumalen oder aktiv in die Handlung des *Hamlet* einzugreifen; dasselbe gilt für das Stillsitzen und Schweigen beim Anhören von »ernster« Musik, während in fast allen außereuropäischen Kulturen beim Erklingen von Musik sofort getanzt wird.

Der Grund für die Favorisierung dieses seltenen und in Wahrheit mühsamen Wahrnehmungsmodells durch die Philosophen ist die Tatsache, daß es ihnen seit eh und je um Theorie ging, und so war die Wahrnehmung nur als Vorstufe des Theoretischen für die Philosophen interessant. ›*Theoría*‹ aber bedeutet im Griechischen ›Schau‹ und bezog sich ursprünglich auf die passive Teilnahme an Festzügen, den Olympischen Spielen oder den Aufführungen im Theater (griech. *tò theatrón* – der Schauplatz). Der Ausdruck ›theoretische Wissenschaft‹ bedeutet somit seinem Wortsinn nach eine Wissenschaft in kontemplativer Haltung, für die die Astronomie immer das Paradigma abgab. Das Leben in der Theorie *(bíos theoretikós)* galt überdies seit Platon und Aristoteles als die höchste dem Menschen mögliche Lebensform – wertvoller jedenfalls als das politische, d.h. aktive Leben in der *pólis (bíos politikós)*. Über die sozialen Bedingungen dieser Lebensform läßt uns Aristoteles nicht im unklaren; ihm zufolge wurden die Wissenschaften dort gefunden, wo man Muße hatte (*scholázein* – leer stehen, müßig sein, Zeit haben; vgl. ›Schule‹). (Vgl. Met. 981b 23 ff.) Die Favorisierung der Theorie in unserer kulturellen Tradition hat somit auch sozialgeschichtliche Wurzeln; sie gründet in der antiken Verachtung der Arbeit als etwas, was eines freien Mannes unwürdig ist. Sie ist nur dort möglich, wo andere die Arbeit tun, und das waren damals die Frauen und Sklaven. Marx und Engels haben in ihren Schriften die Unterscheidung von Theorie und Praxis als Ideologie gebrandmarkt und auf reale Trennung der geistigen von der körperlichen Arbeit zurückgeführt. (Vgl. Marx/Engels, 358 ff.) Die antiken und mittelalterlichen Philosophen selbst wären freilich nicht auf die Idee gekommen, das Theorietreiben als ›Arbeit‹ aufzufassen; so etwas setzt die neuzeitliche und vor allem protestantische Aufwertung der Arbeit voraus, und erst durch sie wollten auch die Philosophen »arbeiten«. In diesem Sinne sprechen Kant und Hegel nachdrücklich von Arbeit auch und gerade in philosophischen Zusammenhängen. (Vgl. VT A 389; TWA 3, 34)

Der Kontext des Begriffsfeldes von *theoría* ist somit der Grund, warum in den traditionellen Wahrnehmungstheorien die unmittelbare, voraussetzungs- und kontextfreie Präsenz das Grundmodell der Wahrnehmung abgab, wobei die Figur der optischen Präsenz nicht nur die Terminologie, sondern auch die Auffassung des Sachverhaltes bestimmte. Man favorisierte die Wahrnehmung als Vorform von Theorie. Gleichwohl ist die klassische theoretische Einstellung unserer philosophischen Tradition nicht nur Ideologie gewesen, man wollte sich in ihr zugleich dessen versichern, was nicht in unserer praktischen, d.h. politischen und technischen Verfügung liegt. Platon erkannte in seiner Auseinandersetzung mit den Sophisten, daß, wenn Protagoras recht hat und jeder Mensch der Maßstab dafür ist, ob etwas der Fall ist oder nicht, alles Meinungssache und damit eine bloße Machtfrage wäre. Im Medium der *theoría* suchte er nach dem, was die Macht begrenzt und an dem sie sich messen lassen muß – das objektiv und nicht nur relativ Wahre in der Gestalt der Ideen des Guten, des Gerechten, des Schönen usf. So gilt hier das Wahre als dasjenige, zu dem man nur eine theoretische Einstellung einnehmen kann, aber das interessierte Platon freilich aus politischen Gründen, nämlich in der Intention, im menschlichen Zusammenleben nicht der bloßen Macht das Feld überlassen zu müssen. (Vgl. Schnädelbach 1995, 130 ff.) Dieser politische Kern des theoretischen Interesses ist durch das riesige Werk des Aristoteles in den Hintergrund getreten, allerdings niemals ganz aus der Philosophie verschwunden – noch Kant spricht vom »Primat der praktischen Philosophie«. Er ist auch sichtbar in den Intentionen der neuzeitlichen Aufklärungsphilosophie seit Descartes, angesichts der faktischen Autorität des in Worten Überlieferten – der Bibel, der Kirchenväter, der Scholastik –, auf die sich die staatlichen und kirchlichen Mächte als ihre Legitimationsbasis stützen, auf unbezweifelbare und der menschlichen Manipulation entzogene Bewußtseinstatsachen zu verweisen – eben die Vorstellungen; darin stimmen Descartes, Locke und auch Kant überein, selbst wenn sie ›Vorstellung‹ verschieden deuten.

Tatsächlich aber sind die Vorstellungen und erst recht die Wahrnehmungen ungeeignet, die Rolle der Sicherung der Objektivität zu übernehmen; in Wahrheit sind sie Abstraktionen aus unserem komplexen, immer zugleich theoretischen und praktischen Lebenszusammenhang, die eigentlich nur in philosophischen Seminaren ein beständiges Leben führen. Wie wenig das Theatermodell »reiner« Wahrnehmung unserer Lebenswirklichkeit entspricht, kann man sehr eindrücklich in Martin Heideggers *Sein und Zeit* (1927) lernen, wobei es nützlich ist, sich an dieser Stelle an das »Existenzial« des »In-der-Welt-Seins« zu erinnern, mit dem er die Erkenntnistheorie insgesamt zu kritisieren suchte. Demzufolge kann ein rein theoretisches oder kontemplatives Verhältnis des von Heidegger »Dasein« genannten Menschen zur Welt, in dem Dasein und Welt sich wie Betrachter und Betrachtetes, Bewußtsein und Wirklichkeit, Subjekt und Objekt gegenüberstehen, nicht das ursprüngliche Weltverhältnis sein. Auszugehen ist statt dessen von einem zugleich theoretischen und praktischen Involviertsein des Daseins in die Welt, das Heidegger »Besorgen« nennt: »Weil zu Dasein wesenhaft

In-der-Welt-Sein gehört, ist sein Sein zur Welt wesenhaft Besorgen.« (SuZ 57) In diesem »hantierenden, gebrauchenden Besorgen, das seine eigene Erkenntnis hat«, begegnet das Seiende nicht als Fülle von Objekten, die das Dasein sich gegenüber hat, sondern als »Zeug«, d.h. als ein im Besorgen Brauchbares. Die Seinsart des Zeugs nennt Heidegger »Zuhandenheit«, und er erläutert dies am Beispiel des Hammers, der für den Handwerker bereitliegt und von ihm benutzt werden kann, ohne daß dieses Bereitliegen und Benutzen dabei thematisch werden muß. Erst wenn das Besorgen im Medium des Besorgens problematisch oder gestört wurde – Heidegger spricht hier drastisch von »Auffälligkeit, Aufdringlichkeit und Aufsässigkeit« –, tritt das Seiende in seiner »Vorhandenheit« hervor. (Vgl. SuZ 67-74) Das Seiende aber als Vorhandenes – das ist nach Heidegger der Gegenstand der abendländischen Metaphysik, und dies auch nach der cartesianischen Wende zum Subjekt, nach der die Vorstellungen als ein im Bewußtsein unmittelbar Vorhandenes erscheinen. Wichtig ist ferner, daß Heidegger in seinen Analysen selbst auf die propositionale Struktur der Zuhandenheit stößt, denn wie das Beispiel des Hammers zeigt, wird das Zuhandene immer schon als ein »etwas, um zu ...« (SuZ 68) und damit in der Figur des Etwas-als-Etwas aufgefaßt und benutzt. In diesem »Als« des Zuhandenen gründet nach *Sein und Zeit* sogar letztlich die Sprache. (Vgl. SuZ 76 ff.)

So liefert Heidegger in *Sein und Zeit* mit den Mitteln der Unterscheidung zwischen Zuhandenheit und Vorhandenheit einen eindrucksvollen Nachweis der Tatsache, daß die Idee ursprünglicher, voraussetzungs- und kontextfreier Präsenz, die noch die empiristische Idee »reiner« Wahrnehmung bestimmt, auf einem abstraktiven Fehlschluß beruht. Ursprünglich sind es nicht Ideen, Vorstellungen oder Wahrnehmungen, die uns als leere Subjekte in der Erkenntnis mit der »Außenwelt« in Verbindung bringen, sondern wir sind immer schon zugleich theoretisch und praktisch in eine Welt involviert. Es sind ganz bestimmte theoretische Situationen – vor allem die des sophistischen Relativismus und des cartesianischen Zweifels –, die uns dazu nötigen, bestimmte Elemente des komplexen kognitiven Geschehens zu isolieren und zu objektivieren; hier entsteht der Schein »reiner« Objektivität. An dieser Stelle berührt sich Heideggers Konzept sehr eng mit pragmatistischen Konzeptionen (vgl. Gethmann), die ja ebenfalls die rein theoretische Einstellung zur Welt als abkünftig von unserem praktischen Lebens- und Weltzusammenhang ansehen.

Zu ergänzen ist der Hinweis darauf, daß auf ganz anderen Wegen die von Heidegger weit entfernte Tradition der Analytischen Philosophie bei der Kritik der »reinen« Wahrnehmung zu ganz ähnlichen Resultaten gelangte. Bestimmend für diese philosophische Richtung war der Wiener Kreis (Moritz Schlick, Rudolf Carnap, Otto Neurath u.a.), der sich 1931 zusammengefunden hatte, um den Empirismus auf eine neue Grundlage zu stellen. Schlick hatte schon in seiner *Allgemeinen Erkenntnislehre* (1914) erkannt, daß »reine« Sinnesdaten eine Abstraktion sind, weil etwas immer *als* etwas wahrgenommen wird; das empirische »Fundament« der Erkenntnis mußte also, wenn es überhaupt existierte, im propositionalen Bereich aufgesucht werden, d.h. im Umfeld bestimmter Urteile oder Sätze. (Die Einsicht, daß das empirische Fundament selbst schon eine »logische« Struktur aufweisen muß, ist ein Grund dafür, daß hier von »Logischem« Empirismus die Rede ist.) Diese Fundamental- oder Basissätze glaubte man zunächst in den sogenannten »Protokollsätzen« der empirischen Forscher vor sich zu haben, um dann einsehen zu müssen, daß sie weder unkorrigierbar noch fundamental sind, weil sie immer schon in theoretischen und forschungspraktischen Zusammenhängen stehen. Protokollsätze sind deswegen nicht unkorrigierbar, weil man im Fall eines Konflikts zwischen ihnen und den Theorien immer die Möglichkeit hat, sie zu verwerfen, um die jeweilige Theorie zu retten; verhält sich ein einzelner Körper nicht so, wie es die Fallgesetze erwarten lassen, wird man sie nicht einfach fallenlassen, sondern zunächst nach anderen Einflüssen suchen, die das Abweichende erklären. (Diese Gegenposition zum empiristischen Fundamentalismus nennt man ›Konventionalismus‹ – vor allem vertreten von Pierre Duhem und Otto Neurath.) So ist es auch immer eine Sache der Entscheidung, ob man Beobachtungsprotokolle anerkennen und was man aus ihnen folgern will. (Vgl. LdF, 66 ff.) Die Protokollsätze sind ferner nicht wirklich fundamental, weil sie, wie das Beispiel »Die Lösung verfärbt sich rot« zeigt, selbst immer schon »theorieimprägnierte« Termini wie ›Lösung‹ enthalten, die ihrerseits niemals auf reine Beobachtung reduzierbar sind. Es gibt also auch im »logischen« Umfeld der Sprache keine Möglichkeit, ein »reines«, d.h. kontext- und interpretationsunabhängiges »Gegebenes« zu isolieren, und so mußte sich der Empirismus vom »Mythos des Gegebenen«, vom Fundamentalismus verabschieden. Zudem wurde klar, daß selbst dann, wenn ein »rein« Gegebenes der Wahrnehmung angebbar wäre, es epistemisch keine Bedeutung besäße. In der Erkenntnis zählt nur das, was man begründen kann, und begründen kann man niemals bloße Fakten, sondern immer nur Urteile über bestimmte Fakten. Fakten sind umgekehrt niemals Gründe für etwas, sondern nur andere Urteile über Fakten. Gründe haben somit immer die Form von Urteilen. Also können niemals bloße Wahrnehmungen, sondern nur Wahrnehmungsurteile als Gründe in Begründungszusammenhänge eintreten. Natürlich haben wir Wahrnehmungen, und die mögen uns dazu motivieren, Wahrnehmungsurteile für wahr zu halten, aber begründen können sie diese nicht.

Die Frage ist freilich, ob die Kritik am »Mythos des Gegebenen« den Gedanken des Gegebenen selbst sinnlos macht. Der empiristische Fundamentalismus hat in der Tat aus dem Gegebenen einen Mythos gemacht, aber ist es selbst wirklich nichts anderes als ein Mythos? Mit Hilfe der Kantischen Unterscheidung zwischen dem Gegebenen und den Gegenständen der Erfahrung kann man den Begriff des Gegebenen durchaus verteidigen, ohne dem »Mythos des Gegebenen« zu verfallen. Letzterer wird unvermeidlich, wenn man versucht, das Gegebene selbst wie einen Gegenstand zu präsentieren, es also im Bereich unserer Vorstellungen aufzuweisen: als *idea of sensation*, *impression* oder Sinnesdatum. Das jedoch hat Kant niemals versucht, vielmehr wollte er mit dem Begriff des Gegebenen nur darauf hinweisen, daß wir in der nachträglichen Analyse und Rekonstruktion unseres Erfahrungswissens auf etwas stoßen, was wir nicht selbst erzeugt oder hergestellt haben. Daß es etwas geben muß, was unser Wissen von der Wirklichkeit erweitert und von dem es abhängt, ob etwas wahr oder falsch ist, kann man vernünftigerweise nicht bestreiten, solange es uns um Erkenntnis geht. Das Erkennen wird sinnlos, wo wir meinen, schon alles zu wissen und aus eigener Machtvollkommenheit über wahr und falsch entscheiden zu können. So gehört das, was Kant mit dem Gegebenen meinte, zu den Sinnbedingungen unseres Verständnisses von Erkenntnis und Wissenschaft überhaupt.

Zur Grammatik der Wahrnehmung

Die Grammatik von Wahrnehmungssätzen hat Wolfgang Künne am Beispiel des Sehens genau analysiert. (Vgl. Künne 1995) Er geht aus von der Frage: Wie wird ›sehen‹ in vollständigen Sätzen verwendet?

(0) Damals war Anna blind, jetzt kann sie wieder sehen.

Dieser Satz bezieht sich nur auf eine physiologische Vorbedingung visueller Wahrnehmung, noch nicht auf die Wahrnehmung selbst. Schon Bernhard Bolzano schreibt: »Es ist bekannt, daß Blindgeborene, denen der Star glücklich gestochen wird, erst mehrerer Wochen bedürfen, um mit der Fähigkeit zu sehen auch die Fertigkeit des Sehens zu erlangen.« (Zit. nach: Künne 1995, 118 f.) Das zeigt: Die Fähigkeit des Sehens zu haben, d.h. nicht mehr blind zu sein, ist noch nicht dasselbe wie die Fertigkeit des Sehens zu besitzen. Wahrnehmen ist offenbar primär eine Fertigkeit – grammatisch gesehen: ein Erfolgswort oder ein »faktiver Operator«.

Künne diskutiert dann die folgenden Beispielsätze:

(1) Anna sieht die Ampel. (Sehen + Akkusativ-Objekt)
(2) Anna sieht die Ampel aufleuchten. (Sehen + Akkusativ mit Infinitiv)
(3) Anna sieht, daß die Ampel rot ist. (Sehen + Daß-Satz)
(4) Es sieht für sie so aus, als sei die Ampel rot. (Sehen + Als-Satz [im Konjunktiv])
(5) Die Ampel sieht für sie rot aus. (Sehen + Als-Satz [im Indikativ])

Der Fall (3) ist der Standardfall für ein Sehen, das wir mit Erkennen in Zusammenhang bringen können – i.S. eines faktiven Operators; dafür steht im folgenden der Ausdruck »epistemisches Sehen«.

Die Fälle (1) und (2) sind besonders interessant, weil sie der Propositionalitätsthese zu widersprechen scheinen. Zudem sehen wir nicht nur Dinge (1), sondern auch Ereignisse (2), und zwar sogar, ohne die sie tragenden oder verursachenden Dinge zu sehen: Man kann die Ampel aufleuchten sehen, ohne sie selbst zu sehen. (Vgl. Künne 1995, 104 f.) Gleichwohl können (1) und (2) nicht als Gegenbeispiele zur Propositionalitätsthese gelten. »Anna sieht die Ampel« kann man nicht sagen, wenn sie selbst nicht weiß oder nicht zumindest vermutet, *was* sie da sieht. Dabei kann sie sich irren, sie kann die Ampel etwa für eine Laterne halten. Aber wenn sie mehr hat als eine visuelle Empfindung, kann sie nicht umhin, das Gesehene als etwas zu sehen, und sei es als etwas, was sie an irgend etwas erinnert oder sogar als etwas Unbekanntes. Dasselbe gilt für das Aufleuchten: Sie muß es nicht als das Aufleuchten einer Ampel sehen, aber doch als einen Fall von ... – vielleicht einer für sie bis dahin unbekannten optischen Erscheinung. In beiden Fällen gilt: Anna hat die Ampel oder das Aufleuchten nur dann gesehen, wenn sie das Gesehene als das oder das identifizieren kann, und identifizieren kann man immer nur etwas als etwas, als einen Fall von ..., was freilich Fehlidentifikationen nicht ausschließt.

Sofern somit (1) und (2) nicht bloß physiologische Vorgänge betreffen, sondern epistemisch relevant sein sollen, müssen diese Sätze im Sinne der Als-Struktur, d. h. propositional interpretiert werden:

(1') *Anna sieht, daß da eine Ampel ist* oder *Anna sieht: Da ist eine Ampel.*
(2') *Anna sieht, daß da eine Ampel aufleuchtet* oder *Anna sieht: Da leuchtet eine Ampel auf.*

Das ›da‹ soll anzeigen, daß visuelle Identifikation von etwas als etwas nicht nur die Fähigkeit der Klassifikation des Identifizierten, sondern auch seine Lokalisierung in Raum und Zeit voraussetzt (vgl. Strawson 1972, 27 ff.); in diesem Sinne ist Kants Lehre von Raum und Zeit als den apriorischen Anschauungsformen zu verstehen.

Wenn das richtig ist, bedeutet das, daß epistemisches Sehen in allen Fällen grammatisch die Form ›...daß p‹ aufweist, und das bedeutet, daß die Ebene der Wahrnehmungsurteile nicht unterschritten werden kann. Die Als-Struktur des Sehens und der Wahrnehmung generell zeigt, daß in allen Fällen, in denen es sich um mehr als um ein physisches Ereignis handelt, wir den Bereich des Sprachlichen schon betreten haben. Dabei muß es sich nicht allein um die Wortsprache handeln; das Betrachten von Bildern oder das Hören von Musik schließt immer auch ein Sehen und Hören als ... ein, aber möglich ist dies nur, weil bildende Kunst und Musik im Medium sprachähnlicher Symbolsysteme stattfinden.

Eine Frage bleibt zu beantworten: Wenn epistemisch relevante Wahrnehmung stets propositional strukturiert ist, also immer ›...daß p‹ betrifft, und ›p‹ als ganzer Aussagesatz den propositionalen Gehalt von Wahrnehmungsurteilen wiedergibt – könnte man dann das Verhältnis von Wahrnehmungsurteil und Wahrnehmung nicht so verstehen, daß wir im Fall der Wahrheit des Wahrnehmungsurteils ›...daß p‹ genau das wahrnehmen, was ›p‹ bedeutet? Nennen wir mit Wittgensteins *Tractatus* das, was ›p‹ bedeutet, einen Sachverhalt, und die Sachverhalte, wenn sie bestehen, Tatsachen (vgl. T 2), dann könnten wir meinen, daß Anna nur dann mit Recht aufgrund von Wahrnehmung den Sachverhalt »Die Ampel ist rot« behauptet, wenn sie die Tatsache ›Die Ampel ist rot‹ wahrnimmt. In diesem Fall wäre »Die Ampel ist rot« die Bezeichnung für eine wahrnehmbare Tatsache, und das klassische Repräsentationsmodell wäre dann zumindest für Wahrnehmungspropositionen gerettet.

Tatsächlich vertritt Wittgenstein im *Tractatus* eine solche Theorie. Ihm zufolge machen wir uns Bilder der Tatsachen (T 2.1), das logische Bild der Tatsachen ist der Gedanke (3), und der Gedanke ist der sinnvolle Satz (4). Der Sinn des Satzes ist der Sachverhalt, den der Satz darstellt. Der Sachverhalt kann bestehen oder nicht bestehen, und wenn er besteht, handelt es sich um eine Tatsache und der Satz ist wahr. Dem Satz selbst kann man nicht ansehen, ob er wahr oder falsch ist, d. h., ob der Sachverhalt, den er darstellt, besteht oder nicht besteht. Um zu erkennen, ob der Satz wahr oder falsch ist, müssen wir ihn mit der Wirklichkeit vergleichen, und diesen Vergleich versteht Wittgenstein im *Tractatus* wie einen Vergleich eines Bildes mit dem, was es abbildet. Damit setzt er voraus, daß es Tatsachen gibt, mit denen man die Sachverhalte, die die Sätze darstellen, konfrontieren kann. In der Tat behauptet er: »Die Welt ist alles, was der Fall ist (1). Die Welt ist die Gesamtheit der Tatsachen, nicht der Dinge (1.1).« So bleibt der frühe Wittgenstein durch seine Bildtheorie des Satzes trotz der Propositionalitätsthese, die er explizit vertritt (vgl. T 3.3 ff.), dem Repräsentationsmodell des Erkennens verhaftet; aus dieser späten Nachwirkung des Platonismus vermochte er sich erst in seinem Spätwerk *Philosophische Untersuchungen* zu befreien.

Das Repräsentationsmodell des Propositionalen scheitert nicht zuletzt daran, daß Tatsachen keine Gegenstände in Raum und Zeit sind, sondern *abstrakte* Gegenstände. (Vgl. Künne 1995, 109 f.) Die Tatsache, daß die Ampel rot ist, können wir nicht sehen, sondern nur eine rote Ampel, und die ist ein Gegenstand mit einer bestimmten Eigenschaft. Das Erkennen, daß die Ampel rot ist, ist nicht das Sehen oder Abbilden der Tatsache ›Die Ampel ist rot‹, sondern ein Urteilen im Medium von Behauptungssätzen. Dabei beziehen wir uns mit ›Ampel‹ auf einen bestimmten Gegenstand und behaupten, motiviert durch Wahrnehmung, daß das Prädikat ›rot‹ auf ihn zutrifft, aber dieses Zutreffen haben wir nicht selbst wahrgenommen. So rechtfertigt die Propositionalitätsthese keine Ontologie in Raum und Zeit existierender Tatsachen. (Vgl. dazu auch Tugendhat 1976, 162 ff.)

Erinnerung und Imagination (Vorstellung₂)

Daß ›Erinnerung‹ zu den erkenntnistheoretischen Grundbegriffen gehören soll, liegt nicht auf der Hand. In der Tat wird man in den einschlägigen Lehrbüchern wenig oder nichts darüber finden. Bestenfalls in geschichtsphilosophischen Zusammenhängen wird die Erinnerung als eine wichtige Form des Wissens abgehandelt, denn Historie ist ja nichts anderes als *rerum gestarum memoria* (Erinnerung an das Geschehene). Wie wichtig die Erinnerung in allen Wissensgebieten ist, wird deutlich, sobald man sich vergegenwärtigt, was der Fall wäre, wenn wir nur Wahrnehmungen hätten, ohne die Fähigkeit, sie über den Moment ihres Auftretens hinaus festzuhalten und sie »zurückzurufen«; wir lebten in einer absoluten Gegenwart, die wir im nächsten Augenblick schon wieder vergessen hätten. Ohne Erinnerung gibt es kein Wissen, d.h. keine sich in der Zeit durchhaltenden Überzeugungen, und nur solche können wahr sein und gerechtfertigt werden. Dies ist der wesentliche Grund für die kaum überschätzbare Bedeutung der Erinnerung für die Wissenschaft, die sie vor allem in der Form schriftlicher Dokumentation realisiert.

Wie fast alle auf ›-ung‹ endenden Wörter bezeichnet ›Erinnerung‹ Fähigkeit, Vorgang und Gehalt. Für die Erinnerungsfähigkeit wird häufig das Wort ›Gedächtnis‹ verwendet und für den Gehalt ›Erinnerung‹, aber eindeutig ist eine solche Unterscheidung nicht. (Im Angelsächsischen existiert für beides nur ›memory‹.) In vielen Fällen meinen wir mit ›Gedächtnis‹ gerade das, woran man sich erinnern kann – etwa in der Rede vom kollektiven oder kulturellen Gedächtnis; umgekehrt kann man jemanden dazu auffordern, sich an eine Sache zu erinnern, d.h., sein Erinnerungsvermögen anzustrengen. Die Aktivierung von Erinnerung und Gedächtnis selbst braucht Zeit, so daß beide Ausdrücke auch episodisch oder als Prozeßwörter gebraucht werden – im Sinne der Verben ›sich erinnern‹ oder ›einer Sache gedenken‹, wofür die Angelsachsen nur ›*to remember*‹ haben. (Die deutsche Wortverwandtschaft zwischen ›Gedächtnis‹ und ›Denken‹ wird besonders deutlich im Ausdruck ›Andenken‹.)

Das klassische Begriffsfeld

Im Unterschied zu diesen vertrauten Redeweisen neigte die Philosophie wegen ihrer leitenden *Theoría*-Orientierung stets dazu, die Erinnerung primär passivisch zu verstehen; vor allem in der empiristischen Tradition herrschte die Vorstellung vor, die Erinnerung sei ein Raum oder Behälter, in den die sinnlichen Eindrücke gewissermaßen hineinfallen und in dem sie eine Zeitlang aufbewahrt werden. Schon Platon vergleicht das Gedächtnis mit einem Taubenschlag (vgl. Theät 197d), Augustinus spricht von der »großen Höhle der *memoria*« (Augustinus X, 13), und Locke nennt das Gedächtnis »die Vorratskammer unserer Ideen« (Locke I, 167). In diesem Sinn sagt auch Aristoteles: »Von Natur nun haben die Tiere sinnliche Wahrnehmung, aus der sinnlichen Wahrnehmung entsteht bei einigen Erinnerung *(mnéme)*, bei anderen nicht.« (Met 980a·27 ff.) Nur bei solchen Tieren entsteht demzufolge Erinnerung, deren Seele einem Wachsblock oder einer Tabula rasa gleicht und deswegen geeignet ist, Eindrücke nicht nur aufzunehmen, sondern auch zu konservieren. Heute sind wir geneigt, die Erinnerung mit Computerfestplatten zu vergleichen, auf denen dies und das gespeichert ist. So erscheint die Erinnerung als etwas, was einem widerfährt und was sich in uns ansammelt und aufbaut. Diesem passivischen Sinn von ›Erinnerung‹ entspricht die Tatsache, daß man niemanden dazu auffordern kann, etwas Bestimmtes zu vergessen.

Bei Platon ist ›Erinnerung‹ *(mnéme)* der erkenntnistheoretische Grundbegriff schlechthin, und zwar in der Variante der

Wiedererinnerung *(aná-mnesis)*. Diese unterscheidet sich von der Erinnerung, die ein beständig zugänglicher Besitz sein kann, durch eine Zwischenphase des Vergessens. Platon behauptet nun, daß alle Erkenntnis Wiedererinnerung, d.h. ein Sicherinnern an etwas Vergessenes sei. Diese erstaunliche These begründet er zum einen mit dem Paradox des Suchens. (Vgl. Men 80d ff.) Wie kann man suchen, was man nicht kennt, denn dann weiß man ja nicht, was man suchen soll? Umgekehrt ist es sinnlos, etwas zu suchen, was man schon kennt. Also kann das suchende Erkennen nur in der Aktualisierung eines Wissens bestehen, das man schon besitzt, aber vergessen hat. Ein weiterer Grund für die Anámnesis-Lehre ist für Platon die These, daß uns die Sinne keine wahre Erkenntnis *(gnôsis)*, sondern bloße Meinungen *(dóxa)* vermitteln. Wahre Erkenntnis – das ist für Platon Erkenntnis des »Wahren«, d.h. des wahren Seienden, das nach der Lehre des Parmenides ewig und unveränderlich ist, also das Werden und Vergehen der Sinnendinge aus sich ausschließt. Darum kann die sinnliche Erfahrung nicht die Quelle wahrer Erkenntnis sein, sondern bestenfalls der Anlaß oder Auslöser der Wiedererinnerung an das wahre Seiende. Dieses wahre Seiende ist für Platon der Inbegriff der Ideen als der Urbilder und Vorbilder der Sinnendinge. Wie deren Erkenntnis durch Wiedererinnerung möglich sei, erklärt er durch den Mythos der Seelenwanderung: Ursprünglich habe die Seele, die unsterblich ist, in der Ideenwelt geweilt und dort mit ihrem geistigen Auge die Ideen geschaut; dann jedoch habe sie durch ihre Verbannung in den Körper das Geschaute vergessen. In der Sinnenwelt kommt es nun vor, daß z.B. der Anblick von etwas Schönem die Seele an die Idee des Schönen erinnert, denn diese Idee ist ja das Schöne selbst, an dem alle schönen Dinge teilhaben. Platon beschreibt die Wiedererinnerung allerdings nicht als einen neutralen theoretischen Prozeß, sondern als einen Vorgang, an dessen

Beginn die schmerzhafte Sehnsucht der Seele nach ihrer verlorenen Heimat im Reich der Ideen steht, und als einen Bildungsprozeß, in dem sich die Seele dem wahren, geistigen Sein anverwandeln muß, um endlich in ihre Heimat zurückkehren und der erneuten Verbannung in einen Körper entgehen zu können. (Vgl. Phaidr 245c ff.) So läßt Platon den Sokrates im *Phaidon* die erstaunliche These verteidigen, Philosophieren sei Sterbenlernen (vgl. Phaid 64a ff.), was vor diesem Hintergrund aber Sinn macht.

Auch ohne diese mythische Einkleidung hat Platons These, wahre Erkenntnis sei Wiedererinnerung, bis in die Gegenwart fortgewirkt und immer wieder Vertreter gefunden; Descartes' Lehre von den eingeborenen Ideen und Leibniz' Konzeption der *vérités de raison* (Vernunftwahrheiten) (vgl. Leibniz, §§ 29 ff.) sind die wohl berühmtesten Beispiele. Die Position, der zufolge wir die wichtigsten Erkenntnisse in Wahrheit schon besitzen und sie uns nur anamnetisch zu vergegenwärtigen brauchen, nennt man ›Apriorismus‹. Kant hatte sie vor Augen in Gestalt der »rationalistischen« Metaphysik, d.h. der Philosophie, die sich »reine«, erfahrungsunabhängige »Vernunfterkenntnisse aus bloßen Begriffen« (MAN A 7) zusprach – oder in Kants Terminologie: synthetische Urteile a priori. So glaubte diese Metaphysik vom Begriff Gottes als des vollkommensten Wesens auf dessen Existenz schließen zu können, weil er ohne sie nicht das vollkommenste Wesen wäre; aus der Einfachheit der Seele glaubte sie deren Unsterblichkeit beweisen zu können, denn was keine Teile hat, kann ja nicht zerfallen. Für Leibniz ist alle Erkenntnis a priori, denn seiner *Monadologie* zufolge besteht die Welt aus unteilbaren Einzelsubstanzen – eben den Monaden –, die »keine Fenster und Türen« haben, aber jede für sich das ganze Universum in einem jeweils individuellen Grad der Deutlichkeit repräsentieren; so ist für ihn sinnliche Wahrnehmung nichts anderes als undeutliche Repräsentation a priori. John Lockes Empirismus markiert hier die genaue Gegenposition, und Kant sah es als seine Aufgabe an, das begrenzte Recht beider Extreme festzuhalten und in einem kohärenten Modell zu vereinigen. Nach Kant hat der Empirismus darin unrecht, daß er behauptet, wir besäßen überhaupt keine Erkenntnisse a priori, denn Mathematik und theoretische Physik galten ihm als Gegenbeispiele; gegen Leibniz jedoch bestand er auf der Eigenständigkeit der Sinnlichkeit und ihrer Rezeptivität, die man eben nicht als undeutliche Version rein geistiger Repräsentation deuten kann. Kants salomonische Lösung lautete: Wir verfügen über synthetische Urteile a priori, aber nur im Bereich möglicher Erfahrung.

Daß die Erinnerung mehr ist als der Inbegriff der Spuren, die die Wahrnehmungen in unserem Bewußtsein hinterlassen haben, daß sie auch Fähigkeit und Vorgang ist, der sogar Anstrengung kosten mag, ist schon in Platons Modell der *anámnesis* angelegt. Wie schon angedeutet, bedarf sie ihm zufolge über den auslösenden Anlaß hinaus der methodischen Bemühung von Geometrie und Dialektik. Auch Aristoteles hält daran fest, wenngleich er die *anámnesis* Platons ganz zugunsten der aus der Wahrnehmung entstehenden *mnéme* aufgibt. Von Platons Lehre übernimmt er nur, daß wir das Besondere im Lichte des Allgemeinen erkennen, besteht aber darauf, daß wir dieses Allgemeine zuvor durch Erfahrung und Induktion gewonnen haben und nicht schon aus dem Ideenhimmel mitbringen. (Vgl. Anal pr 67a) Die Erinnerung verknüpft Aristoteles unmittelbar mit der *phantasía* (Vorstellung), und dieser widmet er in *De anima* ein ganzes Kapitel (vgl. De an 427b 16 ff.; vgl. auch Rapp, 180 ff.). Wiewohl er die *phantasía* an einer Stelle wieder ganz passivisch als »die Bewegung, die [in der Seele] von der verwirklichten Bewegung ausgeht« (De an 429a 2 f.), bestimmt, kann auch ihm zufolge die Erinnerung nicht nur ein Besitz sein, der ohne unser Zutun durch die Wahrnehmungen in uns entsteht. Es muß zudem eine Fähigkeit vorhanden sein, und die besteht darin, uns sinnliche Gehalte auch dann zu vergegenwärtigen, wenn deren Objekte selbst nicht vorhanden sind. ›Vorstellung‹ als Übersetzung von ›*phantasía*‹ bedeutet dann nicht Repräsentation, sondern Imagination – im folgenden auch ›Vorstellung$_2$‹.

Die deutsche Terminologie verwendet seit Paracelsus, vor allem aber im 18. Jahrhundert an dieser Stelle das Wort ›Einbildungskraft‹. Kant schreibt: »Die Einbildungskraft *(facultas imaginandi)*, als ein Vermögen der Anschauungen auch ohne Gegenwart des Gegenstandes, ist entweder *produktiv*, d.i. ein Vermögen der ursprünglichen Darstellung des letzteren *(exhibitio originaria)*, welche also vor der Erfahrung vorhergeht, oder *reproduktiv*, der abgeleiteten [Darstellung] *(exhibitio derivativa)*, welche eine vorher gehabte empirische Anschauung ins Gemüt zurückbringt.« (Anthr B 68) Die reproduktive Einbildungskraft entspricht dem, was Aristoteles als *phantasía* mit der *mnéme* verbindet, während ›produktive Einbildungskraft‹ zunächst das schon erwähnte apriorische Vermögen der Synthesis der Einbildungskraft meint, durch das Anschauungen zu Gegenständen der Wahrnehmungen konstituiert werden. Dann bringt Kant aber die produktive Einbildungskraft auch mit der Phantasie im uns vertrauten Sinne einer kreativen Fähigkeit in Zusammenhang; er nennt sie »dichtend« und die reproduktive Einbildungskraft »zurückrufend«: »Die Einbildungskraft, so fern sie auch unwillkürlich Einbildungen hervorbringt, heißt *Phantasie*. Der, welcher diese für (innere oder äußere) Erfahrungen zu halten gewohnt ist, ist ein *Phantast*. – Im *Schlaf* (einem Zustand der Gesundheit) ein unwillkürliches Spiel seiner Einbildungen zu sein, heißt *träumen*.« (Anthr B 69)

Kant ist weit entfernt davon, die Phantasie geringzuschätzen: »Die Originalität (nicht nachgeahmte Produktion) der Einbildungskraft, wenn sie zu Begriffen zusammenstimmt, heißt *Genie*;

stimmt sie dazu nicht zusammen, *Schwärmerei.*« (Anthr B 76) Die Schwärmerei hat Kant zeit seines Lebens bekämpft – vor allem mit seinen gegen Swedenborg gerichteten *Träumen eines Geistersehers* (1766). Mit seiner *Kritik der Urteilskraft* allerdings, die eine Theorie des Genies enthält (vgl. KU, §§ 46 ff.), hat er dem romantischen Geniebegriff eine vielbeachtete Verteidigung gewidmet. Phantasie in diesem Sinne einer mit Begriffen zusammenstimmenden »dichtenden« Einbildungskraft ist auch nach Kant in der Erkenntnis unentbehrlich, jedoch immer davon bedroht, Quelle von bloßen Phantastereien zu sein. Platon, Aristoteles und die Philosophie der Neuzeit bis zu Kant sind sich aber darin einig, daß der produktive Anteil der *anámnesis, mnéme, phantasía* oder Einbildungskraft Grenzen hat. Ein vielverwendetes Beispiel besagt: Wir mögen uns einen Kentauren vorstellen, aber die Vorstellungen eines Pferdes und eines Menschen, aus denen wir den imaginierten Kentauren zusammensetzen, haben wir nicht selbst produziert, sondern schon empfangen. In diesem Sinne sagt Kant: »Die produktive [Einbildungskraft] aber ist dennoch darum nicht *schöpferisch*, nämlich nicht vermögend, eine Sinnenvorstellung, die vorher unserem Sinnesvermögen *nie* gegeben wurde, hervorzubringen, sondern man kann den Stoff derselben immer nachweisen.« (Anthr B 69) So ist nach dieser Lehre die Imagination eingeschränkt auf die Neukombination und Abwandlung schon vertrauten Vorstellungsmaterials, d.h., die Vorstellung$_2$ qua Imagination setzt die Vorstellung qua Repräsentation voraus.

Wie die Einheit von Erinnerung und Imagination bei Aristoteles nimmt auch bei Kant die Einbildungskraft eine wichtige Zwischenstellung zwischen Wahrnehmung und Denken ein. Aristoteles versuchte zu zeigen, daß die *phantasía* weder mit der Wahrnehmung noch mit dem Denken zusammenfällt; Wahrnehmungen sind ihm zufolge »immer wahr, von den Vorstellungen die Mehrzahl falsch« (De an 428b 12f.). Die Tiere, die über die bloße Wahrnehmung hinaus über Erinnerungen und Vorstellungen$_2$ verfügen, denken deswegen noch nicht. Die *phantasía* ist zudem für das Denken selbst unentbehrlich, weil es sich niemals unmittelbar auf Wahrnehmungen, sondern immer nur auf die *phantásmata*, d.h. die durch die *mnéme* bzw. *phantasía* bereitgestellten Vorstellungsbilder beziehen kann. Ohne *phantasía* gibt es nach Aristoteles auch keine für die Wissenschaft wichtigen Vermutungen *(hypolépseis)* oder Hypothesen, aber sie ist nicht selbst schon ein Vermögen der Vermutung; Vermuten ist ein auf Probe erfolgtes Urteilen. Für Kant spielt die produktive Einbildungskraft mit ihren Synthesisleistungen eine wichtige Rolle bei der Vermittlung zwischen Sinnlichkeit und Verstand, die Kant in dem besonders schwierigen Schematismus-Kapitel der *Kritik der reinen Vernunft* darzustellen versucht. (Vgl. B 176ff.) So weist die Einbildungskraft bei Kant als produktive und als reproduktive einen bemerkenswerten Doppelcharakter auf: als ein weder rein sinnliches noch rein intellektuelles Vermögen und eben doch als zugleich sinnlich und intellektuell. Philosophen nach Kant, vor allem Schelling, der junge Hegel, aber auch Heidegger, haben hier die »gemeinschaftliche, aber uns unbekannte Wurzel« von Sinnlichkeit und Verstand vermutet, von der Kant in der Einleitung zur *Kritik der reinen Vernunft* spricht. (Vgl. B 29)

Zur Kritik der Imagination (Vorstellung$_2$)

Es sollte deutlich geworden sein, daß die Erinnerung *(mnéme, anámnesis)* über ihre psychologischen Aspekte hinaus epistemisch nur interessant ist als Vermögen und Vorgang der Vergegenwärtigung des Nichtgegenwärtigen – also als *phantasía*, reproduktive bzw. produktive Einbildungskraft oder Imagination.

Bei den beiden letzten Termini fällt wieder die Abhängigkeit von der platonischen Tradition der Metaphorik des Gesichtssinnes auf, denn es ist immer von Bildern (lat. *imago*) die Rede, die wir uns hier angeblich machen; dabei kann man sich auch Geräusche und Gerüche ein-bilden oder sie imaginieren. Ryle erklärt diese Bindung von ›Vorstellung$_2$‹ an die optischen Redeweisen damit, daß für die meisten Menschen die visuelle Beobachtung Vorrang genießt vor den anderen sinnlichen Fähigkeiten. Wegen der damit verbundenen stärkeren visuellen Vorstellungskraft stammen die Wörter, mit denen wir auch die anderen Vorstellungsvermögen bezeichnen – also die der »Gehörs-, Tast-, Geruchs-, Geschmacks- und kinästhetischen Vorstellung [...] vorwiegend aus dem Bereich des Sehens. Leute sprechen z.B. davon, sich ›etwas auszumalen‹ oder ›sich etwas im Geiste vor Augen zu führen‹, aber sie haben keine solchen allgemeinen Ausdrücke für die Vorstellungen der anderen Sinne.« (Ryle, 337) Wenn darum ständig vom »geistigen Auge« die Rede ist, vor dem die Vorstellungen der Vorstellung$_2$ stattfinden, warum dann nicht auch von einem geistigen Ohr oder von einer »Nase des Geistes« (Ryle, 337)? Tatsächlich hat sich die Theorie der Imagination niemals aufs bloß Optische beschränkt, wenn sie sich auch stets primär am Sehen orientierte, von dem schon Aristoteles sagt, daß es die von uns bevorzugte sinnliche Fähigkeit sei. (Vgl. Met 980a 22 ff.)

Daß nach Aristoteles die *phantasía* und nach Kant die Einbildungskraft ein auch aktives Vermögen des Bewußtseins ist, impliziert eine Kritik der verbreiteten Auffassung, der zufolge die Erinnerung/Imagination als Vorstellung eines Nichtpräsenten nichts anderes sei als eine Nachwirkung einer ehemaligen Präsenz. In diesem Sinn faßte David Hume die repräsentierenden Vorstellungen (*thoughts* oder *ideas*) als schwächere und weniger lebhafte Formen der ursprünglichen Eindrücke *(impressions)* auf, die uns die Sinne in der Wahrnehmung unmittelbar vermitteln. *Ideas* haben wir laut Hume zwar nur durch das Gedächtnis oder die Einbildungskraft, wodurch wir unsere *impressions* entweder zurückrufen oder vorwegnehmen, aber diese Aktivität betrifft eben nicht das Material solcher Erinnerungen oder Vorwegnahmen. (Vgl. Hume, 17 ff.) So erscheint die Imagination selbst als eine Wahrnehmung zweiter Stufe, als eine nachträgliche und darum schwächere Wiederholung der unmittelbaren sinnlichen Wahrnehmungserlebnisse. Wenn wir uns dieser Lehre zufolge nach einem Besuch des Louvre die Mona Lisa erneut vorstellen, dann sehen wir sie wieder, wenngleich nur in unserem Geiste und weniger deutlich; vergegenwärtigen wir uns ein Thema aus einer Beethoven-Symphonie, dann hören wir es angeblich erneut, wiewohl nur mit dem inneren Ohr und nicht so intensiv wie im Konzertsaal. So erscheinen die Vorstellungen$_2$ (Imaginationen) als bloße Kopien der ursprünglichen Vorstellungen (Repräsentationen).

Diese Vorstellung von Imagination hat Gilbert Ryle einer durchgreifenden und überzeugenden Kritik unterzogen, und zwar mit grammatischen Mitteln. Ihm zufolge lassen wir uns durch die Sprache dazu verführen, das aktuelle Sehen und die visuelle Vorstellung$_2$ als zwei verschiedene Fälle von Sehen anzusehen, d.h., sie demselben Oberbegriff zuzuordnen, und dann unterscheiden wir beides so, daß wir für die visuelle Vorstellung das Wort ›Sehen‹ in einem übertragenen Sinn verwenden. Auf diese Weise erscheint dann die visuelle Vorstellung$_2$ als ein Sehen besonderer Art. Auf demselben Wege gelangen wir auch bei den anderen Arten der Vorstellung$_2$ zu einem »inneren« oder geistigen Hören, Riechen oder Schmecken, wenn wir uns Melodien, Gerüche oder einen bestimmten Geschmack vorstellen$_2$. Dabei handelt es sich nach Ryle um einen »Kategorienfehler«, um eine Verwechslung im Bereich der Grundbegriffe, deren absurde Konsequenzen von ihm in zahlreichen und meist witzigen Beispielen dargestellt werden. (Vgl. Ryle, 339 ff.) Dieser Fehler ist auch der Grund für Humes These, daß die *ideas* schwache Nachfahren der lebhaften *impressions* seien, wobei er Schwierigkeiten hatte, die Grenzen zwischen beiden Bereichen zu bestimmen, denn die Lebhaftigkeit hat Grade. Ryle zeigt, daß Humes Ansicht aus grammatischen Gründen scheitert: »Jemand kann sich etwas lebhaft vorstellen, aber er kann nicht lebhaft sehen. Eine ›Idee‹ *(idea)* kann lebhafter sein als eine andere ›Idee‹, aber Eindrücke *(impressions)* können überhaupt nicht als lebhaft beschrieben werden, genauso wie eine Puppe lebensechter als eine andere, aber ein Baby weder lebensecht noch lebensunecht sein kann.« (Ryle, 342) Umgekehrt können Empfindungen mehr oder weniger stark oder heftig sein, aber das gilt nicht von Vorstellungen$_2$: »Wenn ich mir vorstelle, einen großen Lärm zu hören, höre ich weder ein lautes noch ein leises Geräusch; ich habe keine schwache auditive Empfindung, da ich überhaupt keine auditive Empfindung habe, obwohl ich mir vorstelle, eine starke zu haben.« (Ryle, 342) Die Vorstellung$_2$ gehört somit zu einer anderen Kategorie als die Wahrnehmung; sie ist in keinem Fall ein Fall von Wahrnehmung, also auch keine Wahrnehmung anderer Art oder zweiter Wahl. Darum gibt es auch nicht die in Analogie hinzugedachten Gegenstände der so verstandenen Vorstellung$_2$ – geistige Bilder, »innere« Melodien, Gerüche etc.

Die Frage ist dann, was die Vorstellung$_2$ ist, wenn sie das alles *nicht* ist. Ryle sagt: »Ich möchte zeigen, daß der Begriff des Sich-Vorstellens *(picturing)*, Sich-vor-Augen-Führens *(visualizing)* oder ›Sehens‹ ein rechtmäßiger und nützlicher Begriff ist, aber daß er nicht die Existenz von Abbildern nach sich zieht, die wir betrachten, oder von Galerien, in denen solche Abbilder vorübergehend hängen. Grob gesprochen: Vorstellungen kommen vor, aber Vorstellungsbilder werden nicht gesehen. Melodien gehen mir im Kopf um, aber es werden keine Melodien gehört, wenn sie mir dort umgehen.« (Ryle, 338) Und dann gibt er ein Beispiel, das den Schlüssel zu seiner positiven Antwort enthält: Wenn sich jemand sein Kinderzimmer vorstellt, ist er »nicht der Beschauer einer Imitation seines Kinderzimmers, sondern er ist die Imitation eines Beschauers seines Kinderzimmers« (Ryle, 339). Die Vorstellung$_2$ ist nicht ein bloßes Geschehen wie die passive Wahrnehmung; sie ist vielmehr eine Fähigkeit und Fertigkeit. Man kann jemanden dazu auffordern, sich etwas vorzustellen, und das kann man sogar üben. Dazu braucht man Phantasie; Ryle verweist freilich darauf, daß dieses Wort völlig mißverstanden wäre, wenn man es im Sinne unserer durch die platonische Optik bestimmten erkenntnistheoretischen Tradition als einfachen Sammelbegriff für die Vergegenwärtigung von Nichtgegenwärtigem gebrauchte (vgl. Ryle, 351 ff.); dann läuft man in der Tat Gefahr, unsere Vorstellungswelt mit Bildern, Geräuschen oder Gerüchen zweiter Art zu bevölkern. Phantasie ist eine Art und Weise, etwas und viel Verschiedenes zu tun, und in diesem Sinne gibt es phantasievolle und phantasielose Vorstellungen. Tatsächlich bleibt keine Vorstellung$_2$ ohne die Beteiligung der intellektuellen Tätigkeit, die wir ›Denken‹ nennen, und diese besteht in einer mehr oder weniger intelligenten Verwendung von Wissen: »Jemand, dem eine Melodie im Kopf umgeht, verwendet sein Wissen, wie die Melodie geht; er ist sich in einer gewissen Weise darüber klar, was er hören würde, wenn er dem Spielen einer Melodie zuhörte.« (Ryle, 365; vgl. auch 368)

Dieses Ergebnis ist geeignet, das Verhältnis von Erinnerung und Vorstellung$_2$, wie es bereits Aristoteles in der Beziehung zwischen *mnéme* und *phantasía* ins Auge gefaßt hatte, weiter zu klären. Kant sagt: »Das Vermögen, sich vorsätzlich das Vergangene zu vergegenwärtigen, ist das *Erinnerungsvermögen* [...]. Das Gedächtnis ist von der bloß reproduktiven Einbildungskraft darin unterschieden, daß es die vormalige Vorstellung *willkürlich* zu reproduzieren vermögend, das Gemüt also nicht ein bloßes Spiel von jener ist. Phantasie, d.i. schöpferische Einbildungskraft, muß sich nicht darein mischen, denn dadurch würde das Gedächtnis *untreu*.« (B 92 f.) Wenn Ryles Analyse richtig ist, dürfen wir das Vergegenwärtigen oder Reproduzieren des Vergangenen in der Erinnerung nicht als Herstellen einer wahrnehmbaren Kopie des einst Wahrgenommenen – einer Vorstellung qua Repräsentation – verstehen, es ist vielmehr ein kundiges Verfügen über die erinnerbaren Elemente und Strukturen der »vormaligen Vorstellung« mit einem mehr oder weniger zufriedenstellenden Resultat. In diesem Sinne ist die Erinnerung nicht nur ein Vorgang, der eintreten oder ausbleiben kann, sondern auch ein Können, das Gelernt- und Nichtvergessenhaben einschließt. (Vgl. Ryle, 373 ff.) Dieser Zusammenhang von Erinnerung und Vorstellung$_2$ ist vor allem wichtig in Erkenntnisprozessen, was nicht ausschließt, daß einem hier auch etwas einfallen muß – sei es im Sinne der unwillkürlich wirkenden reproduktiven Einbildungskraft oder ihrer schöpferischen Variante, der Phantasie. Gleichwohl müssen sich hier die Einfälle an dem messen lassen, was wir schon wissen – an unserem kognitiven Gedächtnis.

Die traditionelle Orientierung der Theorie der Erinnerung und Vorstellung$_2$ am Modell der Vorstellung qua Repräsentation führte zu dem Mißverständnis, wir hätten es dabei mit einfachen Quasi-Gegenständen wie Bildern, Geräuschen etc. zu tun. Tatsächlich gilt auch hier die Propositionalitätsthese, d.h., wir erinnern uns im Medium der Vorstellung$_2$ niemals nur an Dinge, Zustände oder Ereignisse, sondern immer an sie mit einer bestimmten Eigenschaft, und nur in dieser Struktur können sie in unserem Wissen vorkommen, das immer propositional verfaßt ist.

Erfahrung

Die Geschichte des philosophischen Erfahrungsbegriffs ist von einem erstaunlichen Wandel bestimmt. Am Anfang steht Aristoteles, der die uns auch heute noch vertraute alltägliche und lebensweltliche Verwendung des Ausdrucks ›Erfahrung‹ auf den Begriff bringt, während die Gegenwartsphilosophie allgemein von ›Empirie‹ spricht und damit einen Terminus verwendet, der auf den ersten Blick gar keine Beziehung mehr aufweist zu unserem vorwissenschaftlichen Verständnis von Erfahrung. Dieser Wandel durchläuft mehrere Stadien und wird durch die (vor allem neuzeitliche) Verwissenschaftlichung der Erfahrung vorangetrieben, die aber schon bei Aristoteles selbst einsetzt.

Der Aristotelische Erfahrungsbegriff

Das griechische und das deutsche Wortfeld sind sehr eng verwandt. Griech. ›*empeiría*‹ enthält die Wurzel ›*per*‹ , ›*po*‹ oder ›*peir*‹, der nach der germanischen Lautverschiebung die gemeinsame deutsche Wurzel von ›fern‹, ›fahren‹ und ›Gefahr‹ entspricht. Wir finden sie auch im lat. ›*periculum*‹ (Versuch, Wagnis, Gefahr) und in ›*experientia*‹ bzw. ›*experimentum*‹ (Probe, Versuch). Die Grundbedeutung ist ›fern‹, ›jenseits einer Grenze‹; in Verben: ›eine Grenze überschreiten‹, ›fahren‹, ›reisen‹, und dort in der Ferne ›das Wagnis, die Gefahr‹ bestehen (griech. *peîra*). Daraus wird: *émpeiros*, der Er-fahrene und in diesem Sinn Erprobte.

Diese uns vertraute Bedeutung von ›Erfahrung‹ als Erprobtsein finden wir bei Aristoteles, wenn er vom erfahrenen Arzt, Seemann oder Feldherrn spricht. Immer handelt es sich dabei primär um einen handlungstheoretischen Kontext, so wenn er die Erfahrung mit der Kunst (*téchne*, lat. *ars*) als dem allgemeinen Herstellungswissen kontrastiert: »Zum Zweck des Handelns steht die Erfahrung der Kunst *(téchne)* an Wert nicht nach, vielmehr sehen wir, daß die Erfahrenen mehr das Richtige treffen als diejenigen, die ohne Erfahrung nur den allgemeinen Begriff *(lógos)* besitzen. Die Ursache davon liegt darin, daß die Erfahrung Erkenntnis *(gnôsis)* des Einzelnen ist, die Kunst des Allgemeinen, alles Handeln und Geschehen aber am Einzelnen vorgeht.« (Met 981 a 13 ff.) Hier liegt noch nicht der ästhetische Kunstbegriff zugrunde, der erst im späten 18. Jahrhundert aufkommt. Vielmehr geht es um ›Kunst‹ i.S. eines auf allgemeine Prinzipien gegründeten Könnens wie die ärztliche Kunst, die Kochkunst oder die »Wasserkünste« der Barockgärten. Das Zitat enthält im übrigen eine Spitze gegen Platon, der im *Staat* lehrt, der Philosoph, der die Idee des Guten geschaut habe, sei dann auch geeignet für die Leitung des Staates und sogar dazu verpflichtet. (Vgl. Resp 473c ff.) Nach Aristoteles verkennt Platon an dieser Stelle die Natur des politischen Handelns, das immer in Einzelsituationen stattfindet und darum eher Erfahrung und die darauf gegründete Klugheit *(phrónesis)* erfordert als die »Erkenntnis des Allgemeinen«. (Vgl. auch NE 1140a 23 ff.)

Aristoteles sieht, daß die Erfahrung nicht nur ein Können, sondern auch ein Wissen ist, d.h. ein empraktisches Kennen von Einzelfällen. Der Erfahrene kann nicht nur etwas, er weiß auch etwas, er verfügt über Urteile von der Art »Dem Kallias hilft bei Fieber Kamillentee«. Diese Urteile haben die Form ›Eigenname (singulärer Terminus) + Prädikat‹, während die entsprechenden Allsätze – etwa von der Form allquantifizierter Konditionale: »Wenn jemand Fieber hat, hilft Kamillentee« – nach Aristoteles der (ärztlichen) »Kunst« angehören. Aristoteles sagt aber: »Denn nicht einen Menschen überhaupt heilt der Arzt [...], sondern den Kallias oder den Sokrates oder irgendeinen Einzelnen, für welchen es ein Akzidens [eine in diesem Zusammenhang nebensächliche Bestimmung] ist, daß er auch ein Mensch ist. Wenn nun jemand den Begriff besitzt ohne Erfahrung und das Allgemeine weiß, das enthaltene Einzelne aber nicht kennt, so wird er das rechte Heilverfahren oft verfehlen; denn Gegenstand des Heilens ist vielmehr das Einzelne.« (Met 981a 20 ff.) Diese Differenz zwischen der ärztlichen Erfahrung und der medizinischen »Kunst« hat die Medizingeschichte bis ins 18. Jahrhundert bestimmt. Zuvor waren die Berufsstände der Praktiker, etwa der Bader, Chirurgen oder »Steinschneider«, und die der akademischen Mediziner, die als Doktoren die Schriften des Hippokrates, Celsus, Galen u.a. studierten, ohne selbst zu behandeln, immer deutlich getrennt gewesen. Das Wissen über allgemeine physische oder physiologische Zusammenhänge, das man dort erwerben zu können glaubte, hatte nicht unmittelbar etwas mit der medizinischen Praxis zu tun, die man den »Handwerkern« überließ.

Bemerkenswert ist, daß im weiteren Verlauf des Textes der *Metaphysik* die Könnens-Elemente der Erfahrung immer mehr zugunsten des Erfahrungswissens in den Hintergrund treten, und dies ist in der Festlegung der Erfahrung auf die »Erkenntnis *(gnôsis)* des Einzelnen« selbst angelegt. Der Grund dafür ist: In der Einleitung zur *Metaphysik* als dem Grundlagenwerk von Philosophie überhaupt ist die Erfahrung primär als Art von *Wissen* und in dieser Funktion als Vorstufe höherer Wissensformen interessant: »Aus der Erinnerung nämlich entsteht für die Menschen Erfahrung; denn die Vielheit der Erinnerungen an denselben Gegenstand erlangt die Bedeutung einer einzigen Erfahrung, und es scheint die Erfahrung beinahe der Wissenschaft und der Kunst sich anzunähern. Wissenschaft aber und Kunst gehen für die Menschen aus der Erfahrung hervor.« (Met 980 b 27 ff.) Dieses »Entstehen« von Wissenschaft und Kunst hat Aristoteles in den *Analytica posteriora* in einem eindrucksvollen Bild beschrieben: »So sind denn die fraglichen Fertigkeiten [Erfahrung,

Kunst und Wissenschaft] weder schon vorher vollendet in der Seele vorhanden, noch entstehen sie anderen Vermögen, die auf eine vorzüglichere Erkenntnis angelegt wären [wie die *anámnesis* bei Platon], sondern sie nehmen vom Sinne ihren Ausgang, ähnlich wie wenn in der Schlacht alles flieht, aber Einer stehenbleibt, und wenn ein Anderer und wieder ein Anderer sich ihm anschließt, bis die anfängliche Ordnung wiederhergestellt ist.« (Anal post 100a 10 ff.) Die logische Struktur dieses Werdens des Wissens vom Allgemeinen durch das In-der-Seele-zur-Ruhe-Kommen des Wissens des Einzelnen bestimmt Aristoteles als Induktion, als ein Schließen vom Besonderen aufs Allgemeine. (Vgl. Anal pr 68 b ff.)

Die Differenz zwischen beiden Wissensarten fixiert Aristoteles in der wichtigen Unterscheidung zwischen der Erfahrung als dem Wissen des »Daß *(hóti)*« und der Kunst/Wissenschaft als dem Wissen des »Warum *(dihóti)*«, d.h. der Gründe und Ursachen dessen, was als das »Daß« der Fall ist. Kunst *(téchne)* und Wissenschaft *(epistéme)* verfügen im Unterschied zur Erfahrung über den *lógos*, den allgemeinen Begriff, und es ist ein platonisches Erbe, die These zu vertreten, daß denen, die das Allgemeine oder das Wesen der Dinge kennen, auch ihre Gründe und Ursachen bekannt sind, d.h., sie können Warum-Fragen beantworten, Erklärungen und Beweise anbieten. (Vgl. Met 981a f.) Antiplatonisch hingegen ist vor allem die aristotelische Aufwertung der Erfahrung durch die These, daß das Wissen des Allgemeinen in Kunst und Wissenschaft aus der Erfahrung entstehe und nicht erworben werden könne in der Abwendung von der Sinnlichkeit, weil die Erfahrung ihrerseits auf sinnliche Wahrnehmung angewiesen sei. Darum ist die Erinnerung auch nicht *anámnesis*. Aristoteles betont die Sonderstellung der Erfahrung zusätzlich dadurch, daß er erklärt, was auch heute noch alle Eltern und Lehrer wissen: Im Unterschied zu Kunst und Wissenschaft kann man die Erfahrung nicht lehren; Erfahrungen muß man selber machen. So möchte man Platon nachträglich fragen, warum er glaubt, daß der theoretisch gebildete, aber unerfahrene Philosoph zur politischen Herrschaft besonders geeignet sei.

Trotz seiner gegen Platon gerichteten Aufwertung der Erfahrung, die ihrerseits auf Wahrnehmung und Erinnerung fußt, und der Betonung ihrer praktischen Wichtigkeit hat Aristoteles die Verwissenschaftlichung des lebensweltlichen Erfahrungsbegriffs dadurch eingeleitet, daß er die Erfahrung fast ausschließlich als Wissensform thematisiert, und zwar als unselbständige Vorstufe des Wissens des Allgemeinen in Kunst und Wissenschaft. Tatsächlich ist die Theorie der Wissensformen am Anfang der *Metaphysik* primär am *Theoría*-Modell des Wissens orientiert, dessen Vollform erst die Wissenschaft *(epistéme)* darstellt; selbst die Kunst *(téchne)* ist, wie das Beispiel der Medizin oder (an anderer Stelle) des leitenden Architekten im Unterschied zu den Handwerkern (Met 981b) zeigt, bei ihm so *theoría*ähnlich konzipiert, daß sie als allgemeines Herstellungswissen strukturell von der *epistéme* kaum zu unterscheiden ist. Der Unterschied zwischen beiden soll nur in der Art der Gegenstände bestehen; in der Kunst handelt es sich nach Aristoteles um das Allgemeine, die Gründe und Ursachen des durch Handeln beeinflußbaren »Werdens«, somit um den Bereich dessen, was in unserer Macht steht und worüber wir im Herstellen verfügen, während es die Wissenschaft mit dem ewigen und unveränderlichen »Seienden« (Anal post 100a 10 f.) zu tun hat, zu dem wir nur eine theoretische Einstellung einnehmen können. Die strukturelle Gleichheit von Kunst und Wissenschaft bei Aristoteles ist einer der Gründe, warum der Unterschied beider Wissensbereiche in der Wissenschaftsgeschichte niemals besonders klar war und warum sich die Vertreter der *téchne* – etwa in der Medizin – immer auch als Wissenschaftler verstanden. Diese begriffliche Unschärfe hat zurückgewirkt auf den Erfahrungsbegriff der Philosophen, die sich in der Tradition des Aristoteles dabei vor allem für dessen Wissensaspekte und immer weniger für seine Könnenselemente interessierten. Erfahrung als Quelle und Vorstufe des Wissens vom Allgemeinen und der Gründe und Ursachen, wie es die Wissenschaft und die strukturell von der Wissenschaft nicht unterscheidbare Kunst für sich beanspruchen, kommt aber in der Perspektive der wissenschaftlichen Philosophie selbst nur als wissenschaftliche Erfahrung in Frage, und diese Reduktion hat Aristoteles selbst mit vorbereitet.

Der operative Erfahrungsbegriff

Ist nach Aristoteles die Erfahrung als Wissensform und -besitz etwas, was im Menschen aus der Erinnerung an den Umgang mit gleichartigen Fällen *entsteht* und dann nur logisch durch Induktionsschlüsse gefestigt wird, so ist für die Praxis der neuzeitlichen Wissenschaft ein anderer Erfahrungstyp bestimmend; hier wird Erfahrung aufgefaßt als etwas, was wir *machen*, herstellen, herbeiführen und nicht nur in passiver Haltung empfangen. Was wir im Alltag ›Erfahrungen machen‹ nennen, beinhaltet auch einen solchen praktischen Kontext; auch hier muß man etwas unternehmen – z.B. reisen oder eine bestimmte Tätigkeit beginnen –, um etwas zu erfahren. In der wissenschaftlichen Praxis hingegen erscheint dieser *operative* Aspekt vor allem im Modell *experimenteller* Erfahrung, für den Francis Bacon (1561-1626) in seinem *Novum Organon* die erste erkenntnistheoretische Grundlage und Rechtfertigung gegeben hat. Wie der Titel dieses Werkes zeigt, handelt es sich dabei um ein gegen das *Organon*, d.h. die Methodenschriften des Aristoteles und seiner Tradition gerichtetes Projekt einer programmatischen Revolution im Wissenschaftsverständnis, um eine »Große Erneuerung der Wissenschaften« (Bacon, 6), in deren Zusammenhang dann auch der tradierte Erfahrungsbegriff umgedeutet wird. Bacon hat vor allem die aristotelische Scholastik vor Augen, wenn er schreibt: »Zur Frage der Nützlichkeit muß man offen gestehen, daß jene Weisheit, die wir besonders den Griechen verdanken, der Kinderstube der Wissenschaft angehört und teilweise das Eigentümliche der Kinder an sich hat. Zum Reden ist sie recht bereit, aber zum Schaffen untauglich und noch nicht reif. Sie ist fruchtbar an Streitfragen, aber arm an Werken.« (Bacon, 7) Die überlieferte Wissenschaft wird somit am Kriterium der Nützlichkeit gemessen, und da tritt sie nach Bacon auf der Stelle. Mit dem »Schaffen« und mit den »Werken« meint Bacon genau das, was bei Aristoteles gerade *nicht* das Ziel der theoretischen Wissenschaft gewesen war: »Denn das Ziel meiner Lehre ist die Entdeckung nicht von Beweisgründen, sondern von Künsten, nicht von Dingen, die mit Prinzipien übereinstimmen, sondern von Prinzipien selbst, nicht von Möglichkeiten, sondern von fest formulierten, gültigen Aussagen über die Werke. So folgt aus der unterschiedlichen Zielsetzung unterschiedliches Ergebnis. Wird dort ein Gegner durch Disputieren besiegt, so soll hier die Natur durch die Tat unterworfen werden.« (Bacon, 20) Diese Wissenschaftsreform nimmt sich somit nicht mehr das bloße Finden, sondern das Erfinden zum Ziel, die Entdeckung von Prinzipien, die gültige Aussagen über die »Werke«, also über die Bedingungen der tätigen Naturbeherrschung nach Maßgabe der »Künste« ermöglichen; was bei Aristoteles *epistéme* hieß, wird jetzt der *téchne* untergeordnet. Dafür gibt Bacon eine berühmt gewordene Begründung:

»Es handelt sich nämlich nicht bloß um das Glück der Betrachtung, sondern in Wahrheit um die Sache und das Glück der Menschheit und um die Macht zu allen Werken. Denn der Mensch als Diener und Dolmetscher der Natur wirkt und weiß nur so viel, wie er von der Ordnung der Natur durch seine Werke oder durch seinen Geist beobachtet hat; mehr weiß er nicht, und mehr vermag er auch nicht. Denn keine Kraft kann die Kette der Ursachen lösen oder zerbrechen, und die Natur wird nur besiegt, indem man ihr gehorcht. Daher fallen jene Zwillingsziele, die menschliche Wissenschaft und Macht, zusammen, und das Mißlingen der Werke geschieht meist aus Unkenntnis der Ursachen.« (Bacon, 32)

»Wissen ist Macht«, Wissen als Instrument im Dienste des Glückes der Menschheit – das ist das »Bacon-Projekt« (Schäfer) der Naturbeherrschung durch Wissenschaft, das das neuzeitliche Wissenschaftsverständnis bis in unsere Zeit bestimmt.

Es liegt auf der Hand, daß das herkömmliche, wesentlich von Aristoteles geprägte Verständnis von ›Erfahrung‹ mit dem Bacon-Projekt nicht zusammenpaßt. Für Bacon gleicht dieses Erfahrungsmodell einem »oft wiederholten Würfelspiel« (Bacon, 13), geleitet von dem Glauben, die bloße Häufigkeit könnte etwas mit dem gesuchten Prinzipiellen des Wissens zu tun haben. Vor allem der klassische Syllogismus gilt seit Bacon als nutzlos, denn zum einen tauge er nur dazu, das noch einmal zu beweisen, was man schon wisse, und andererseits sei dieses Wissen nur in der Form vager Zusammenfassungen des zufällig Entdeckten vorhanden. So setzt Bacon an die Stelle des Syllogismus die Induktion, allerdings in einer gegenüber dem aristotelischen *Organon* reformierten Gestalt. Die methodologische »Revolution« von Bacon besteht somit insbesondere in einer Neubestimmung der Induktion, durch die sich die traditionelle aristotelische Syllogistik zu einer Forschungslogik verwandeln soll. Die Frage ist dann: Was heißt ›Induktion‹? Bacon versteht darunter ein stufenweises Aufsteigen, ausgehend von den Sinnen und vom Einzelnen, zu immer allgemeineren Sätzen. Den Aristotelikern wirft er vor, daß sie sie nur in der Form voreiliger Verallgemeinerung kennten und praktizierten und deswegen nicht zu gesichertem Prinzipienwissen gelangten. (Vgl. Bacon, 45f.)

In diesem induktivistischen Wissenschaftsverständnis ist die Induktionsbasis die Erfahrung, doch damit kann nicht mehr die Aristotelische *empeiría* gemeint sein, die für Bacon als *experientia vaga* gilt:

»Diese Art von Erfahrung ist aber nichts anderes, als, wie man sagt, ein Besen ohne Band und ein bloßes Herumtappen, wie es die Menschen nachts machen, wo man alles befühlt, bis man etwa zufällig auf den rechten Weg gelangt ist; wo es doch ungleich ratsamer und sicherer wäre, den Tag abzuwarten und ein Licht anzuzünden und dann den Weg zu betreten. Die wahre Ordnung der Erfahrung zündet zuerst ein Licht an, zeigt dann bei Licht den Weg, indem sie mit einer wohlgeordneten *(ordinata)* und gegliederten Erfahrung beginnt, keineswegs aber mit einer voreiligen und irrenden *(vaga)*. Daraus entwickelt sie die Lehrsätze, und aus diesen folgt sie wiederum neue Experimente.« (Bacon, 89; vgl. auch 110)

Deutlich ist: Diese *experientia ordinata* ist methodisch geregelte, *experimentelle* Erfahrung; man muß schon etwas Kontrollierbares unternommen haben, um zu Erfahrungsdaten zu gelangen, die stufenweise und unterstützt durch weitere Experimente die Formulierung von Lehrsätzen erlauben. Indem Bacon diese Lehrsätze selbst wieder als Anleitung zu weiteren Experimenten auffaßt, sieht er darin einen Weg der Wissenschaft, zu immer allgemeineren und abstrakteren Einsichten aufsteigen zu können. Trotz der leitenden »technischen« Orientierung seines Wissenschaftsverständnisses warnt er ausdrücklich vor einem voreiligen Praktizismus: So wie Gott am ersten Tag nur das Licht und keine weiteren Dinge schuf, so sei »bei jeder Erfahrung zunächst auf die Erforschung der Ursachen und wahren Grundsätze einzugehen; es sind die lichtbringenden, nicht die fruchtbringenden Experimente zu suchen. Denn die richtig erforschten und aufgestellten Grundsätze ergeben keine magere, sondern eine üppige Praxis und ziehen Scharen und Massen von Werken nach sich.« (Bacon, 75)

Die Idee der operativen als experimentelle Erfahrung stammt von Bacon; ihre Durchführung weist freilich zahlreiche Mängel auf. Zum einen bleibt er in seinem gesamten Denken ganz dem Kategorienapparat des Aristotelismus verhaftet, d.h., er operiert weiter mit der Differenz von Substanz und Akzidens, Allgemeinem und Besonderem, Wesen und Erscheinung. Die neuzeitlichen Ideen des Naturgesetzes und der Mathematisierung der Physik bleiben ihm fremd, und dies erklärt seine erstaunliche Ablehnung der Theorien von Kopernikus, Kepler und Galilei. Harvey, der Entdecker des Blutkreislaufs, sagte über Bacon: »Bacon spricht von der Philosophie wie ein Lordkanzler« (vgl. Bacon, XII), und dieses Amt hatte er tatsächlich von 1618 bis 1621 inne. Vor allem finden wir bei Bacon keine überzeugende Theorie des Experiments; eine solche hat erst Galileo Galilei geliefert und praktiziert, und zwar durch seine Zuordnung von Meßgrößen zu beliebig wiederholbaren Vorgängen. Kant sagt dazu:

»Als Galilei seine Kugeln die schiefe Fläche mit einer von ihm selbst gewählten Schwere herabrollen, oder Torricelli die Luft ein Gewicht, was er sich zum voraus dem einer ihm bekannten Wassersäule gleich gedacht hatte, tragen ließ, oder in noch späterer Zeit Stahl Metalle in Kalk und diesen wiederum in Metall verwandelte, indem er ihnen etwas entzog und wiedergab: so ging allen Naturforschern ein Licht auf. Sie begriffen, daß die Vernunft nur das einsieht, was sie selbst nach ihrem Entwurfe hervorbringt, daß sie mit Prinzipien ihrer Urteile nach beständigen Gesetzen vorangehen und die Natur nötigen müsse, auf ihre Fragen zu antworten, nicht aber sich von ihr allein gleichsam am Leitbande gängeln lassen müsse; denn sonst hängen zufällige, nach keinem vorher entworfenen Plane gemachte Beobachtungen gar nicht in einem notwendigen Gesetze zusammen, welches doch die Vernunft sucht und bedarf. Die Vernunft muß mit ihren Prinzipien, nach denen allein übereinkommende

Erscheinungen für Gesetze gelten können, in einer Hand, und mit dem Experiment, das sie nach jenen ausdachte, in der anderen, an die Natur gehen, zwar um von ihr belehrt zu werden, aber nicht in der Qualität eines Schülers, der sich alles vorsagen läßt, was der Lehrer will, sondern eines bestallten Richters, der die Zeugen nötigt, auf die Fragen zu antworten, die er ihnen vorlegt.« (B XII f.)

Die Natur nötigen, auf unsere Fragen zu antworten, kann man nicht nur in dem Bereich, wo Experimente möglich sind, sondern in allen Fällen, wo man im Lichte genau gefaßter Problemstellungen zur Beobachtung übergeht, z. B. in der Astronomie oder in ökologischen Langzeituntersuchungen. Darum ist der operative Erfahrungsbegriff viel weiter zu fassen als der der experimentellen Erfahrung im Sinne der mathematischen Naturwissenschaften. Der die neuzeitliche Wissenschaftspraxis bestimmende, operative Erfahrungsbegriff ist auch nicht auf das Bacon-Projekt fixiert, wenngleich er erstmals in dessen Zusammenhang formuliert wurde. Die List, die nach Bacons Worten darin besteht, der Natur zu gehorchen, um sie zu besiegen, kann auch dem Ziel dienen, die Natur zu pflegen und zu kultivieren (vgl. Schäfer) – ja sie in bedrohten Bereichen überhaupt zu erhalten. Was aber durch Galilei, Kant und in der Gegenwart vor allem durch Karl R. Popper klargestellt wurde, ist das Folgende: Die operative Erfahrung, die eingelassen ist in absichtsvolles, zweck- und regelgeleitetes Handeln, ist nicht wie bei Bacon zu verstehen als ein Mittel der Basisinduktion, durch die man stufenweise immer allgemeinere Sätze gewinnt, sondern als Methode der deduktiven Hypothesenüberprüfung (vgl. LdF 7 ff.); hier treten wir schon mit allgemeinen Vermutungen oder Annahmen an die Natur heran, um sie durch Erfahrung zu bestätigen oder zu widerlegen. Genauer ist dieses empirische Verfahren vor allem im Pragmatismus beschrieben worden, was auch die enge Verwandtschaft von Pragmatismus und Empirismus in der modernen Wissenschaftstheorie erklärt.

Der empiristische Erfahrungsbegriff

Es ist strittig, ob Francis Bacon oder John Locke der »Vater« des Empirismus ist; im engeren, dem Rationalismus der eingeborenen Ideen entgegentretenden Sinne des Wortes hat ihn Locke begründet, während sich Bacon in seiner berühmten Idolenlehre noch mit der Kritik der verschiedenen Arten von Vorurteilen begnügt hatte. Bei den eingeborenen Ideen des Descartes handelte es sich tatsächlich um Vorurteile und Vormeinungen viel grundsätzlicherer Art, denn sie sollten ja von Gott selbst in die Seele hineingelegt worden sein. Die Kritik daran erforderte eine viel radikalere Fassung des empiristischen Prinzips als die, welche Bacon gegen den Aristotelismus vertreten hatte, und dies bedeutete die schon zitierte Rückstufung der Erfahrung auf sinnliche Wahrnehmung. Hier schließt Locke die Aristotelische *empeiría* mit der *aísthesis* kurz, d.h., sein Empirismus wird zum sensualistischen Fundamentalismus. Die auf die sinnliche Wahrnehmung herabgestufte Erfahrung erscheint als Grundlage und Rekonstruktionsbasis unserer gesamten Erkenntnis. Der Empirismus Bacons ist auch fundamentalistisch, aber nicht sensualistisch wegen der implizierten Handlungselemente im Erfahrungskonzept.

Diese im Vergleich mit Aristoteles und Bacon unplausible und gewaltsame Veränderung im Erfahrungsbegriff bedarf einer Erklärung. Wir finden sie im cartesianischen Programm der Neubegründung von Wissenschaft auf einem unbezweifelbaren Basiswissen, das man nur durch die Disziplin des methodischen Zweifels isolieren kann. Lockes Empirismus steht nicht mehr primär im Zeichen des Bacon-Projekts des nützlichen Wissens, sondern des Descartes-Projekts, des »certistischen« Strebens nach einem vollkommen sicheren (lat. *certus*), in seiner Wahrheit völlig gewissen Wissens. Dessen Basis war Descartes zufolge das *sum res cogitans* (Ich bin eine denkende Substanz) mit seinen *cogitata*, den unzweifelhaft vorhandenen Vorstellungen qua Repräsentationen. Genau dies vertritt auch John Locke, aber ohne die Annahme des Apriorismus der eingeborenen Ideen; also kann die unbezweifelbare Basis des Wissens über die unbezweifelbare Selbstgewißheit des Bewußtseins hinaus nur in dem bestehen, was ihm die Sinne liefern, und daraus muß sich letztlich all unser Wissen rekonstruieren lassen. In dieser fundamentalistischen und reduktionistischen Gestalt ist der Empirismus, dem zufolge auch die Erfahrung nichts anderes als Wahrnehmung sein kann, zur Basis der europäischen Aufklärungsphilosophie des 18. Jahrhunderts geworden. Ihr leitendes Prinzip, die subjektive »Gewißheit der Wahrheit« (Hegel), ist freilich schon von Descartes formuliert und praktiziert worden; in diesem Sinne ist er und nicht Bacon der »Vater der Aufklärung«. (Vgl. Schnädelbach 2000a)

Der sensualistische Fundamentalismus war vor allem *kritisch* gemeint. Die Reduktion auf zweifelsfrei aufweisbare Wahrnehmungsdaten sollte es gestatten, das sinnvolle Reden vom leeren Geschwätz zu unterscheiden, dessen man insbesondere die traditionelle Wissenschaft verdächtigte. Hume sagt dazu: »Sehen wir, von diesen Prinzipien durchdrungen, die Bibliotheken durch, welche Verwüstungen müssen wir da nicht anrichten? Greifen wir irgend einen Band heraus, etwa über Gotteslehre oder Schulmetaphysik, so sollten wir fragen: Enthält er irgend einen abstrakten Gedankengang über Größe und Zahl? Nein. Enthält er irgend einen auf Erfahrung gestützten Gedankengang über Tatsachen und Dasein? Nein. Nun, so werft ihn ins Feuer, denn er kann nichts als Blendwerk und Täuschung enthalten.« (Hume, 193) Hume nimmt hier das vorweg, was im Logischen Empirismus des Wiener Kreises das »empiristische Sinnkriterium« genannt wurde. Ihm zufolge sind Sätze nur dann sinnvoll, wenn sie im Prinzip empirisch verifizierbar sind, d.h., wenn aufgrund von Erfahrung entschieden werden könnte, ob sie wahr oder falsch sind. Die »abstrakten Gedankengänge über Größe und Zahl«, also die mathematischen Sätze, galten wie die Sätze der Logik als analytisch, als Aussagen über bloße Begriffszusammenhänge, die keine Informationen über die Welt enthalten und deswegen auch nicht sinnvoll im empiristischen Sinne sind. Doch nicht nur die Fragen von Sinn und Bedeutung, sondern auch die nach Geltung und Wahrheit sollen dem Empirismus zufolge sich im Rückgang auf eine von allen subjektiv aktiven Zutaten gereinigte, »reine«, ausschließlich auf sinnliche Rezeptivität zurückgehende Erfahrung entscheiden lassen, denn diese wird hier angesehen als eine ungetrübte Objektivität am Orte des subjektiven Bewußtseins.

Kant über Erfahrung

Bei Kant finden wir eine zweifache Verwendung von ›Erfahrung‹. Wenn er an der schon zitierten Stelle sagt: »Daß alle unsere Erkenntnis mit der Erfahrung anfange, daran ist gar kein Zweifel«, fährt er zunächst fort wie John Locke: »[...] denn wodurch sollte das Erkenntnisvermögen sonst zur Ausübung erweckt werden, geschähe es nicht durch Gegenstände, die unsere Sinne rühren und teils von selbst Vorstellungen bewirken, teils unsere Verstandestätigkeit in Bewegung bringen, diese zu vergleichen, sie zu verknüpfen und zu trennen« (B 1). ›Erfahrung‹ bedeutet hier nichts anderes als das rein rezeptive Vermögen des Bewußtseins, über die Sinne durch Gegenstände »gerührt« zu werden und so Vorstellungen *(ideas)* zu empfangen, was unmittelbar zur Anregung der Verstandestätigkeit führt. Kant sagt aber dann, diese Tätigkeit des Vergleichens, Verknüpfens und Trennens habe die Funktion, »so den rohen Stoff sinnlicher Eindrücke zu einer Erkenntnis der Gegenstände zu verarbeiten, die Erfahrung heißt. *Der Zeit nach* geht also keine Erkenntnis in uns vor der Erfahrung vorher, und mit dieser fängt alle an.« (B 1) Im Unterschied zur Erfahrung qua Anschauung ist jetzt mit ›Erfahrung‹ Erfahrungs*erkenntnis* gemeint, und diese setzt die Verarbeitung des empfangenen »rohen Stoffs sinnlicher Eindrücke« voraus. Erst durch die Verstandestätigkeiten des Vergleichens, Verbindens und Trennens werden aus dem »rohen Stoff« des sinnlich Mannigfaltigen Gegenstände geformt, auf die sich dann die Urteile der Erfahrungserkenntnis beziehen können.

Diese Doppeldeutigkeit ist kein Fehler Kants, vielmehr fand er sie vor. Der klassische Empirismus hat nämlich niemals deutlich unterschieden zwischen der Erfahrung als der Quelle oder Basis unserer Erkenntnis und der Erfahrung als einer bestimmten Erkenntnisart. Daß der sinnlich aufgenommene Stoff der Erfahrung auch durch den Verstand verarbeitet werden muß, hat der Empirismus nicht bestritten, aber er hat diese Verarbeitung als ein ganz formales Operieren des Bewußtseins aufgefaßt, ohne inhaltliche Bedeutung für den so erzeugten Erkenntnisinhalt. Demnach schien er jenem Unterschied zwischen den beiden Erfahrungsbegriffen keine größere Bedeutung beimessen zu müssen. Genau dies jedoch bestreitet Kant: »Wenn aber gleich alle unsere Erkenntnis *mit* der Erfahrung anhebt, so entspringt sie darum doch nicht eben alle *aus* der Erfahrung. Denn es könnte wohl sein, daß selbst unsere Erfahrungserkenntnis ein Zusammengesetztes aus dem sei, was wir durch Eindrücke empfangen, und dem, was unser eigenes Erkenntnisvermögen (durch sinnliche Eindrücke bloß veranlaßt) aus sich selbst hergibt, welchen Zusatz wir von jenem Grundstoffe nicht eher unterscheiden, als bis lange Übung uns darauf aufmerksam und zur Absonderung desselben geschickt macht.« (B 1 f.) Man kann sagen, daß Kant in den Eröffnungssätzen der *Kritik der reinen Vernunft* zunächst wie ein Empirist redet, wenn er mit »Erfahrung« die Quelle der Erfahrungserkenntnis meint, aber später die begrifflichen Verhältnisse klärt. Dann spricht er an dieser Stelle immer von »Anschauung«. (Vgl. B 33) Davon unterscheidet er noch einmal die Wahrnehmung, die die produktive Synthesis der Einbildungskraft voraussetzt, weil erst durch sie das sinnliche Mannigfaltige zu einem Gegenstand geformt wird, über den Erkenntnisurteile möglich sind.

Damit aus Anschauungen Erkenntnisse werden, muß somit nach Kant mit dem »rohen Stoff« der Sinnlichkeit zweierlei geschehen: seine Formung zu einem möglichen Gegenstand der Erkenntnis durch die Einbildungskraft – das »Gegebene« ist noch kein Gegenstand, sondern nur Material zu einem Gegenstand – und eine Überführung des mit diesem Gegenstand Gegebenen in etwas, was wahr oder falsch sein kann, und das sind Urteile. Soll von Erkenntnis die Rede sein, und Erkenntnis meint Wahrheit, dann ist deren Basis nicht die Anschauung oder Wahrnehmung, sondern das Wahrnehmungs*urteil*. Wahrnehmungen hat man oder hat man nicht, es gibt keine falschen Wahrnehmungen. Die Rede von der Sinnestäuschung ist irreführend. Täuschen kann man sich oder andere nur, wenn man urteilt, denn erst dann kommt die für die Täuschung fundamentale Differenz zwischen wahr und falsch ins Spiel. Die Sinne täuschen nicht, weil sie nicht urteilen, wie Kant in seiner *Apologie für die Sinnlichkeit* sagt (vgl. Anthr B 30 ff.), vielmehr lassen wir uns durch sie täuschen, wenn wir auf den bloßen Augenschein hin urteilen. Das Urteilen setzt somit selbst schon auf der Ebene der Wahrnehmung eine über die bloße Rezeptivität des Bewußtseins hinausgehende Tätigkeit voraus – das Denken des Verstandes, der nichts anderes ist als das Vermögen zu urteilen. (Vgl. B 92 f.) Kants These gegen den Empirismus ist, daß der urteilende Verstand nicht bloß ein formales Operieren mit dem gegebenen Vorstellungsmaterial ist, sondern selbst die Quelle von etwas, »was unser eigenes Erkenntnisvermögen [...] aus sich selbst hergibt«, als eigene, wahrnehmungsunabhängige Vorstellungen. Das sind bestimmte Begriffe, die der Verstand in all seinen Urteilen immer schon verwendet – die reinen Verstandesbegriffe oder Kategorien – und die man deswegen nicht wie der Empirismus auf Wahrnehmung und formales Operieren wie Vergleichen, Verbinden oder Trennen reduzieren kann, weil man in der Wahrnehmung gegebene Vorstellungen nur dann miteinander vergleichen, verbinden oder trennen kann, wenn man schon über jene Begriffe verfügt. Zeigen kann man dies anhand der Kategorie der Substanz: Nur weil wir schon die Vorstellung von Substanz im Sinne der Einheitlichkeit eines Gegenstandes mitbringen, eröffnet sich uns eine Hinsicht, auf die hin wir die sinnliche Mannigfaltigkeit des Gegebenen so ordnen können, daß sie in Wahrnehmungsurteile als Inbegriff der Eigenschaften eines wahrgenommenen Gegenstandes einzugehen vermag. Kant bestreitet nicht, daß es auch empirische, d. h. aus der Erfahrung gewonnene Begriffe gibt, aber dieses »Gewinnen«, das der Empirismus meist mit Hilfe einer ziemlich unklaren Abstraktionstheorie erklärt, kommt ohne die Kategorien als jede Denktätigkeit leitende Grundbegriffe a priori nicht aus.

So kritisiert Kant den Empirismus schon auf der elementaren Ebene der Wahrnehmungsurteile. Auch sie setzen mehr voraus als bloße Wahrnehmung, sie erfordern Denken, und das Denken ist nur möglich durch Begriffe, die nicht alle aus der Wahrnehmung stammen. Doch damit ist noch nicht das erreicht, worum es in Wahrheit geht – um die Erfahrung als empirische Erkenntnis. Von Erkenntnis nun kann nur dort die Rede sein, wo es sich um Objektivität handelt, und das ist bei den Wahrnehmungsurteilen nicht der Fall. Kant sagt: »Empirische Urteile, sofern sie objektive Gültigkeit haben, sind Erfahrungsurteile; die aber, die nur subjektiv gültig sind, nenne ich bloße Wahrnehmungsurteile.« (Prol § 18) Die Wahrnehmungsurteile sind nur subjektiv gültig, weil sie ihm zufolge nur von unseren sinnlichen Eindrücken handeln, die wir Gegenständen zuschreiben, während es bei den Erfahrungsurteilen um die Gegenstände selbst geht. So kehrt Kant auf den ersten Blick vom Empirismus zu Aristoteles zurück, der ja die Erfahrung als Erkenntnis des Einzelnen deutlich von der Wahrnehmung unterschied, und dies nicht zuletzt durch die Betonung des Urteils- oder Propositionalitätscharakters der Erfahrung. Aristoteles erklärte aber nicht deutlich, wie der Urteilscharakter der Erfahrung aus Wahrnehmung und Erinnerung/Vorstellung$_2$ hervorgeht, wo er entspringt; diese Lücke versuchte Kant durch seine Lehre von der Synthesis der Einbildungskraft und des Verstandes im Urteilen zu schließen.

Was jedoch weder Aristoteles noch der Empirismus zu lösen vermochten, war das durch die antike Skepsis und den cartesianischen Zweifel aufgeworfene Problem der *Objektivität* der Erfahrungserkenntnis: Woher können wir wissen, daß die repräsentierenden Vorstellungen, die wir von den Gegenständen der »Außenwelt« haben, nicht nur unsere Vorstellungen von ihnen sind, daß sie sie vielmehr tatsächlich so repräsentieren, wie sie selbst sind? Um diese Frage zu beantworten und jeden denkbaren Zweifel an der Antwort auszuschließen, benötigte Descartes einen Gottesbeweis (vgl. Med III und VI), während die im Empirismus verbreitete These, unsere Vorstellungen von den Gegenständen seien ihnen deswegen ähnlich, weil sie von ihnen verursacht seien, die Skepsis erneut herausfordert: Eine solche Verursachung hat noch niemand direkt beobachtet, denn sie ist ja selbst nur wieder eine repräsentierende Vorstellung. Kant sieht, daß es hier keinen Ausweg gibt; wir können die Objektivität unserer Erfahrungsurteile nicht durch einen direkten Objektbezug unserer repräsentierenden Vorstellungen sichern, denn wir kommen aus unseren Vorstellungen nicht heraus. Also kann die Objektivität unserer Erfahrungsurteile nur in ihrer objektiven, d.h. subjektunabhängigen, allgemeinen und notwendigen *Gültigkeit* bestehen.

Wie es möglich sein soll, daß unsere Wahrnehmungsurteile einen solchen objektiven Geltungscharakter annehmen – diese Frage hat Kant über ein Jahrzehnt während der Abfassung seiner *Kritik der reinen Vernunft* beschäftigt. Der Kern seiner Lösung ist die Deduktion der reinen Verstandesbegriffe, wobei ›Deduktion‹ so viel bedeutet wie der Nachweis, daß die Kategorien zusammen mit den apriorischen Anschauungsformen Raum und Zeit der Rechtfertigungsgrund für den Objektivitätsanspruch unserer Erfahrungsurteile sind. Seine Lösung faßt Kant in der berühmten Formel zusammen: »Die Bedingungen der *Möglichkeit der Erfahrung* sind zugleich die Bedingungen der *Möglichkeit der Gegenstände der Erfahrung*.« (B 197) Diese »Gegenstände der Erfahrung«, die wir nur im Umkreis unserer subjektiven, sinnlichen und gedanklichen Erfahrungsmöglichkeiten vor uns haben und über die wir nach Kant gleichwohl objektiv gültige Urteile fällen können, nennt er »Erscheinungen«. Erscheinungen sind nicht Schein, sondern wirkliche Erfahrungsgegenstände, die Kant aber so nennt, damit wir uns immer daran erinnern, daß es sich dabei nicht um »Dinge an sich«, d.h. um Gegenstände handelt, die nicht den Bedingungen der uns möglichen Erkenntnis unterliegen. Es wäre ein Mißverständnis zu glauben, bei den »Dingen an sich« Kants handle es sich um die »eigentliche« Objektivität, die wir aber leider nicht erreichen könnten – obwohl Kant immer wieder so interpretiert wurde. Objektivität ist wie Wahrheit und Notwendigkeit nicht eine Eigenschaft von Gegenständen, sondern von Urteilen, und die können sich nicht auf etwas beziehen, was prinzipiell nicht im Horizont unserer Erfahrungsmöglichkeiten steht; darum können nach Kant nur Urteile über Erscheinungen objektiv sein.

Da Kant die begriffliche Verarbeitung des Gegebenen in operativen Termini wie »Synthesis«, »Verstandeshandlung« etc. beschreibt, kann man sein Erfahrungskonzept als erneute Zusammenführung des Lockeschen Modells mit dem Bacons verstehen; daß Kant ganz am Anfang seiner *Kritik der reinen Vernunft* Bacon zitiert (vgl. B II), ist sicher kein Zufall. Von Kants Deutung der experimentellen Erfahrung war schon die Rede, und er schätzte sie so hoch, daß er sie bei der Leitfrage dieses Werkes, ob Metaphysik möglich sei oder nicht, zur Grundlage seiner Untersuchung machte: Wenn es diese Methode war, die der Physik zur Wissenschaftlichkeit verhalf – warum sollte dies nicht auch in der Metaphysik möglich sein? (Vgl. B XII) In Wahrheit kann man die *Kritik der reinen Vernunft* als ein gewaltiges Gedankenexperiment lesen, in dem die Frage der Metaphysik auf die Probe gestellt wird. So ist es nicht abwegig, die Spontaneität des Verstandes bei Kant mit Bacons Idee der *experientia ordinata* in Zusammenhang zu bringen. Kants Betonung der operativen Elemente in der Erfahrungserkenntnis, weit über den klassischen Empirismus hinaus, ist auch der Anknüpfungspunkt für die pragmatistische und konstruktivistische Kant-Lektüre unserer Tage.

Hegel und der hermeneutische Erfahrungsbegriff

Der Empirismus wie auch Kant gingen stets davon aus, daß das Subjekt der Erfahrung – das Bewußtsein – etwas Statisches ist, dessen Erfahrungen sich zwar verändern, das sich durch seine Erfahrungen aber nicht selbst verändert. Vor dem Hintergrund des vorwissenschaftlichen Erfahrungsbegriffs ist das nicht einleuchtend, denn ohne Zweifel verändern wir uns im Zuge unserer Erfahrungen. Die Veränderung der Seele durch das Erkennen ist dasjenige, was die Griechen *paideía* (Bildung) nannten; ihr Ziel war die Angleichung der Seele an die als göttlich angesehene Natur und ihre bessere Befähigung zur Praxis. Dieses klassische Motiv lebte fort in Humboldts Idee der Bildung durch Wissenschaft, die er seinem Universitätskonzept zugrunde legte. Auch Kant hätte den Bildungseffekt von Erkenntnis nicht bestritten; bei ihm aber geht es wie schon bei Descartes und im Empirismus um die Stabilität, d.h. die Allgemeingültigkeit und Notwendigkeit von Erkenntnis überhaupt, und diese muß auch für die empirische Erkenntnis gewährleistet werden. Das ist jedoch nur dann zu gewährleisten, wenn deren Subjekt nicht das Bewußtsein irgendeiner Person in Raum und Zeit ist, die sich durch Erfahrung und Erkenntnis bildet und weiterbildet. Es muß sich vielmehr um ein »Bewußtsein überhaupt« (Prol A 81) handeln, nicht um psychologische Tatsachen, die von Mensch zu Mensch variieren können, sondern um einen Inbegriff von allgemeinen subjektiven Prinzipien und Fähigkeiten, die jeder Erkennende mehr oder weniger vollkommen anzuwenden und auszuführen vermag. Nicht erst Kant, die gesamte neuzeitliche Philosophie seit Descartes rechnet mit einem solchen »Bewußtsein überhaupt« im nichtpsychologischen Sinne und sieht es als in der allgemeinen Menschennatur begründet an; dies legt sie ihrer Analyse und Begründung von empirischer Erkenntnis zugrunde und nicht irgendein individuelles Bewußtsein. Dies ist auch der Grund dafür, warum die neuzeitliche Erkenntnistheorie so wenig Verwendung hat für den uns vertrauten lebensweltlichen Erfahrungsbegriff, obwohl sie unablässig von ›Erfahrung‹ spricht; sie meint stets das, was die Philosophen ›Empirie‹ nennen – Erfahrung, sofern sie für wissenschaftliche Erkenntnis unentbehrlich ist, und das sind unsere persönlichen Erfahrungen nun einmal nicht.

Genau dieses statische »Bewußtsein überhaupt« der cartesianischen Tradition wird von Hegel dynamisiert; in der Einleitung zur *Phänomenologie des Geistes* heißt es: »Diese dialektische Bewegung, welche das Bewußtsein an ihm selbst, sowohl an seinem Wissen als an seinem Gegenstande ausübt, insofern ihm der neue wahre Gegenstand daraus entspringt, ist eigentlich dasjenige, was Erfahrung genannt wird.« (TWA 3, 78) Hegel spricht weiterhin von »dem« Bewußtsein, aber es verliert in seiner »Erkenntnistheorie« den Charakter des Statischen und Unveränderlichen; ihm zufolge sind das Bewußtsein, sein Wissen *und* sein Gegenstand in eine dialektische, durch Widersprüche vorangetriebene Bewegung involviert, von der er behauptet, sie sei genau das, was man mit ›Erfahrung‹ meint.

Es liegt auf der Hand, daß Hegel sich mit diesem Erfahrungskonzept wieder an das platonisch-aristotelische Konzept der Erfahrung und Erkenntnis als Bildung annähert, in der sich das Bewußtsein im Umgang mit seinen Gegenständen verändert. (Vgl. TWA 3, 33 f.) Die eigentliche Provokation Hegels besteht aber in der These, daß dem Bewußtsein, das die »dialektische Bewegung« der Erfahrung ausübt, »der neue wahre Gegenstand [...] entspringt«, was soviel bedeutet, daß immer das, was ihm auf einer neuen Bildungsstufe als neuer Gegenstand erscheint, dann auch der »neue wahre Gegenstand« sei. Schon für Platon war im *Theätet* klar, daß das Relativismus ist, und es ist eine Herausforderung nicht nur des Normalbewußtseins, sondern auch des Empirismus, weil dort gilt: Wir wollen etwas Neues über die Gegenstände herausbekommen, und das ist unmöglich, wenn die sich andauernd verändern; sie mögen sich ja verändern, aber eben nicht bloß für uns, d.h. durch unseren Umgang mit ihnen, in dem wir uns selbst auch verändern, immer neue

Perspektiven einnehmen und dann je nach Perspektive wieder einen anderen Gegenstand vor uns haben. So ist Erfahrungswissenschaft *nicht* möglich, sondern nur in einer theoretischen Perspektive, die gleichbleibt und die mannigfaltigen Aspekte der Gegenstände vergleichbar hält.

Hegel behauptet nun, die das Bewußtsein und seine Gegenstände umfassende Dynamik des Bewußtseins selbst theoretisch darstellen zu können; genau dies meint das Wort ›Phänomenologie‹ – »Wissenschaft der Erfahrung des Bewußtseins« (vgl. TWA 3, 596). Die Begründung dafür sieht er in der Tatsache, daß die Differenz zwischen Bewußtsein und Gegenstand, von der der Common sense und der Empirismus ausgehen, »in es« fällt, d. h. in das Bewußtsein selbst, denn auch diese Differenz ist eine Bewußtseinsbestimmung. Wenn somit der Unterschied zwischen Bewußtsein und Gegenstand in das Bewußtsein fällt, dann können auch das Vergleichen von Bewußtsein und Gegenstand, Wissen und Wahrheit und die Maßstäbe dieses Vergleichens nichts Bewußtseinstranszendentes sein; dies alles muß im Bewußtsein selbst vorhanden sein und stattfinden, so daß für die Philosophie nur das »reine Zusehen« bleibt – also die phänomenologische Perspektive auf diesen Erfahrungsprozeß. Damit ist auch das herkömmliche Programm der Erkenntnistheorie seit Descartes verändert: Nicht die Untersuchung der Bedingungen und Grenzen der Erkenntnis ist absurd, sondern die Vorstellung, wir als Erkenntnistheoretiker müßten sie leisten, während das Bewußtsein im wirklichen Erfahrungsprozeß dies ständig selbst vollbringt.

Die Grundlage dieser Kritik der Erkenntnistheorie ist Hegels Holismus des Bewußtseins; es ist ihm zufolge selbst die Einheit von Bewußtsein und Gegenstand, allerdings auch das Bewußtsein ihrer möglichen Differenz, und aus diesem Ineinander von Einheit und Differenz entspringt nach Hegel die Erfahrung als

»dialektische Bewegung«. Für Hegel gibt es nichts außerhalb des so verstandenen Bewußtseins; es ist »an sich«, eigentlich oder in Wahrheit »absolutes« Bewußtsein – losgelöst (lat. *absolutus*) von allen externen Bedingungen, mit denen der Empirismus und auch Kant gerechnet haben. Das wirkliche Bewußtsein hingegen weiß am Anfang noch nicht um seine Wahrheit; es muß sich erst durch die Dynamik seiner Erfahrungen dorthin entwickeln, und so stellt Hegel den Weg von der »sinnlichen Gewißheit« zum »absoluten Wissen« als einen mühevollen Prozeß dar – als Arbeit und Bildung. Nicht zu Unrecht hat man Hegels *Phänomenologie des Geistes* mit einem Bildungsroman im Sinne von Goethes *Wilhelm Meister* verglichen.

Die These, daß das Bewußtsein in Wahrheit die absolute Einheit seiner selbst mit seinem Gegenstand sei, nennt man »absoluten Idealismus«. Vom erkenntnistheoretischen Idealismus des *esse est percipi*, den Hegel »subjektiven Idealismus« nannte, unterscheidet er sich dadurch, daß er dessen Reduktion der Welt auf bloß subjektive Vorstellungen kritisiert, also auf der Differenz zwischen Vorstellung und Vorgestelltem, Bewußtsein und Gegenstand, Subjekt und Objekt besteht, dabei gleichwohl deren Einheit in einem absoluten Bewußtsein mit absolutem Wissen vertritt. (Vgl. TWA 8, 123) Die Perspektive des absoluten Bewußtseins, in der der erkenntnistheoretische Idealismus als bloßer Subjektivismus erscheint, versuchte Hegel in der Einleitung der *Phänomenologie des Geistes* zu rechtfertigen, die man als einen erkenntnistheoretischen Traktat ansehen kann. Die Grundidee ist eine immanente Kritik der kritischen Philosophie Kants und ihrer cartesianischen Tradition; sie versucht Hegel mit ihren eigenen Waffen zu schlagen: Wenn schon das cartesianische Mißtrauen in das Wissen – warum dann nicht auch einmal Mißtrauen in dieses Mißtrauen? (Vgl. TWA 3, 69) Wenn schon Reflexion auf die Bedingungen der Möglichkeit von Erkenntnis – warum dann nicht auch einmal die Reflexion auf diese Reflexion? Auf diese Weise versuchte Hegel schon in seiner ersten Veröffentlichung, der *Differenzschrift* (1801), der cartesianischen Reflexionsphilosophie nachzuweisen, daß sie durch einen weiteren Reflexionsschritt einsehen könne, daß sie tatsächlich immer schon am Ort des das subjektive Bewußtsein und seine Gegenstände umfassenden absoluten Bewußtseins sei.

Der absolute Idealismus Hegels samt seiner erkenntnistheoretischen Verteidigung, die sich selbst als eine erkenntnistheoretische Kritik der herkömmlichen Erkenntnistheorie versteht, hat die philosophische Nachwelt nicht überzeugt; es gibt bis heute zahlreiche Hegel-Verehrer, aber kaum Hegelianer. (Vgl. Schnädelbach 1999) Die Intuition freilich, daß Erfahrung in Wahrheit ein dynamischer Prozeß ist, der Bewußtsein und Gegenstand umfaßt, ist auch nach dem Abschied vom absoluten Idealismus festgehalten worden, und zwar in der hermeneutischen Philosophie. Seit Dilthey versucht sie die Frage zu beantworten, wie Verstehen möglich sei. (Vgl. dazu vor allem Gadamer 1960) Verstehen unterscheidet sich vom naturwissenschaftlichen Beschreiben und Erklären von Phänomenen dadurch, daß es dabei nicht nur um das bloße Konstatieren von Eigenschaften und Regelmäßigkeiten geht, sondern um das Erfassen von Sinn. Verstehen ist Sinnverstehen, das sich auf Sinngebilde bezieht, auf Texte, Bilder, Symbole, Handlungen etc. – und dies ist das besondere Feld der hermeneutischen Erfahrung. Wenn man nun fragt, wie Sinnverstehen möglich sei, dann kann die Antwort nur lauten: Es ist nur im Bereich *kultureller* Phänomene möglich, d.h. dort, wo wir es mit menschlichen Handlungen und Hervorbringungen zu tun haben. Diese erfassen wir nur dann angemessen, wenn wir den Sinn erfassen, den die handelnden und hervorbringenden Menschen einmal mit ihren Handlungen und Hervorbringungen verbunden haben, und dies wiederum können wir nur, weil wir selbst Menschen sind, die handeln und etwas hervorbringen können. So ist die Grundlage der hermeneutischen Erfahrung im Medium des Verstehens unsere vorgängige Zugehörigkeit als Verstehende zu dem Gegenstandsbereich unseres Verstehens. Sie wird von der hermeneutischen Philosophie aber nicht mehr wie von Hegel als »ansichseiende« Einheit von Bewußtsein und Gegenstand in einem absoluten Bewußtsein oder von Subjekt und Objekt am Orte des »absoluten Geistes« begriffen, sondern als die kulturelle Tradition, der wir als die Verstehenden und das Verständliche gemeinsam angehören.

Das Dynamische der hermeneutischen Erfahrung (vgl. Gadamer 1960, 250 ff.) kommt dadurch ins Spiel, daß das Verstehen selbst nicht voraussetzungslos ist, denn wir verstehen das Kulturelle ja nur, weil wir selbst Kulturwesen sind. So treten wir an das zu Verstehende immer schon mit einem »Vorverständnis« heran, das selbst eine kulturelle Tatsache ist. Im Prozeß des Verstehens ändert sich unser Vorverständnis des Verständlichen, und das so veränderte Vorverständnis führt durch seine kulturelle »Applikation« (Anwendung) selbst zu veränderten kulturellen Tatsachen. So kann man sagen, daß das hermeneutische Verstehen uns selbst und unsere Gegenstände nicht unverändert läßt, und diese die Subjekt- und die Objektseite umfassende Dynamik ist die der hermeneutischen Erfahrung. Ihre Struktur folgt dem Erfahrungskonzept Hegels, aber ihr Medium ist nicht mehr ein zu sich selbst kommendes absolutes Bewußtsein, sondern eine historisch zufällige, kulturelle »Wirkungsgeschichte«, die im Medium des Verstehens und der Applikation immer die Verstehenden und das Verständliche umfaßt. So sind die hermeneutischen Philosophen nach der Abkehr vom absoluten Idealismus Hegelianer »zum herabgesetzten Preis«; an die Stelle des Holismus der absoluten Idee tritt hier der Holismus einer kulturellen Tradition, in der man sich faktisch vorfindet. Die Theorie der hermeneutischen Erfahrung ist ein Hegelianismus der Endlichkeit.

Empirismus heute?

Man machte es sich zu einfach, wollte man das Modell der hermeneutischen Erfahrung für den kulturellen Alltag und die Kulturwissenschaften reservieren, die man seit dem 19. Jahrhundert in einer Reminiszenz an Hegels Philosophie des Geistes auch »Geisteswissenschaften« nennt. Zumindest in der Psychologie und in den Sozialwissenschaften haben wir es als Menschen mit Menschlichem zu tun, das wir im Unterschied zu den bloßen Naturphänomenen, die wir nur erklären können, verstehen wollen. Die Verteidiger der verstehenden Psychologie und Sozialwissenschaften, für die die Psychoanalyse Freuds und das Soziologiekonzept Max Webers prominente Beispiele sind, pflegen auch hier immer ganz hermeneutisch auf die vorgängige Zugehörigkeit dieser Wissenschaftsprogramme zu ihrem Gegenstandsbereich hinzuweisen, und in der Tat sind Psychologie und Sozialwissenschaften selbst psychische bzw. soziale Tatsachen, während man nicht behaupten kann, die Naturwissenschaften seien eine Naturtatsache. Die Frage ist nur, was aus solchen Überlegungen für die Frage des Empirismus folgt.

Der Empirismus war ursprünglich ein Fundamentalismus des in der Wahrnehmung Gegebenen, aus dem er einen Mythos gemacht hat. Schon bei Kant war zu lernen, daß die Erfahrung nicht auf Anschauung und Wahrnehmung reduzierbar ist, weil in ihr apriorische Voraussetzungen enthalten sind, die vor allem auf das Konto unserer Denktätigkeit gehen. In diesem Sinn kann man sagen, daß Kant versuchte, die Erfahrung gegen den Empirismus zu verteidigen, gegen ihre fundamentalistische Fehldeutung also, die in Wahrheit die Empirie als wissenschaftliche Erfahrung unverständlich macht und die Erkenntnistheorie in den Skeptizismus treibt, wie Kant bei Hume gelernt hatte. Wie könnte eine Theorie der Empirie ohne Empirismus aussehen? Ist es nicht sinnvoll, einen »Rest-Empirismus« zu vertreten?

Dazu nötigt uns die Intuition, daß wir noch nicht alles wissen, daß es noch vieles in der Welt gibt, was wir gern herausbekommen möchten, und zwar wenn möglich in wissenschaftlicher, d.h. allgemeingültiger und nachprüfbarer Weise. Der Empirismus ließ sich hier von zwei Grundüberzeugungen leiten, die Quine »Dogmen des Empirismus« nannte (vgl. Quine 1951) und denen Donald Davidson noch ein drittes Dogma hinzufügte (vgl. Davidson). Das erste Dogma betrifft die mindestens seit Kant allgemein geteilte These, wir könnten im Bereich unserer Urteile zwischen analytischen und synthetischen unterscheiden, also zwischen solchen, mit denen wir unser vorhandenes Wissen nur erläutern, und solchen, die unser Wissen erweitern. Analytische Urteile enthalten demzufolge unser sprachliches Wissen und sind trivialerweise a priori, während die synthetischen Sätze unser Wissen über die Welt präsentieren, also a posteriori oder empirisch sind. (Mit Kants synthetischen Urteilen a priori wird allgemein nicht mehr gerechnet.) Beim zweiten Dogma geht es um die Überzeugung, daß wir unser komplexes empirisches Wissen über die Welt auf einfache Beobachtungssätze zurückführen könnten, d.h. auf Sätze, die nichts anderes als Beobachtungen protokollieren. (Vgl. Keil 2002, 47 ff. und 67 f.) Das dritte Dogma besteht in dem plausiblen Bild der Abhängigkeit unserer Erfahrungsgehalte von dem jeweiligen Begriffsschema, mit dem wir der Welt entgegentreten.

Das erste Dogma widerlegte Quine mit dem Nachweis, daß es keine Möglichkeit gibt, Analytizität als semantische Eigenschaft der Erläuterungsurteile zirkelfrei zu definieren, denn dazu braucht man den Begriff der Synonymie, der seinerseits von dem der Analytizität abhängt. Das zweite, reduktionistische Dogma scheitert an der Tatsache, daß genau dann, wenn es nicht möglich ist, die analytischen von den synthetischen Sätzen eindeutig zu unterscheiden, es auch keine eindeutig synthetische Reduktionsbasis für das Empirische geben kann. Dies ist eine Variante der Zurückweisung des »Mythos des Gegebenen«, die Quine mit der Wiederaufnahme des Konventionalismus von Duhem und Neurath verknüpft. Gleichwohl hält Quine am Empirismus fest; für ihn ist die Wissenschaft ein Ganzes, das die analytisch genannten Sätze der Logik und Mathematik ebenso umfaßt wie die empirischen Sätze auf den verschiedenen Stufen der Abstraktheit. Diese holistische Auffassung der Wissenschaft, in der auch die Philosophie ihren Platz finden soll, hindert ihn aber nicht daran, dieses Ganze für etwas zu halten, was man als Ganzes mit der empirischen Wirklichkeit konfrontieren kann, und wenn es Konflikte gibt, muß man entscheiden, was man ändern will – die Beobachtungssätze an der Peripherie oder die theoretischen Sätze im Inneren. In seinem berühmten Aufsatz *On the Very Idea of a Conceptual Scheme* (1974) (vgl. Davidson, 261 ff.) zeigt Davidson, daß Quine selbst den Empirismus zumindest noch in der Form verteidigen möchte, die voraussetzt, es gäbe in der Wissenschaft eine aufweisbare Differenz zwischen dem jeweiligen Begriffsschema und dem empirischen Material, das im Lichte des betreffenden Begriffsschemas geordnet und gedeutet werde, woraus sich total verschiedene, auf die verschiedenen Begriffsschemata relative Weltbilder oder Ontologien ergeben sollen. (›Ontologie‹ bedeutet in diesem Zusammenhang nichts anderes als eine Antwort auf die Frage, was es gibt.) Davidsons Widerlegung kann man so zusammenfassen: Begriffsschemata, die teilweise ineinander überführbar sind, können nicht total verschieden sein, sondern besitzen einen gemeinsamen Kern; sie rechtfertigen somit nicht den behaupteten Weltbildrelativismus.

Handelt es sich aber um Begriffsschemata, die überhaupt nicht ineinander überführbar sind, dann könnten wir, die wir ja angeblich selbst einem bestimmten Begriffsschema verhaftet sind, ein anderes Begriffsschema überhaupt nicht als ein solches identifizieren. Sein Fazit: Können wir nicht ein und noch ein anderes Begriffsschema identifizieren, können wir überhaupt keines identifizieren und die Idee des Begriffsschemas erweist sich als begriffliche Fiktion.

Wenn wir uns somit von der Analytisch-synthetisch-Unterscheidung, dem Reduktionismus und dem Begriffsschema-Relativismus verabschieden müssen, was wird dann aus der Empirie? Wie könnte ein Empirismus ohne Dogma aussehen; und wenn es schon kein ›-ismus‹ sein soll, was könnten wir als Theorie der wissenschaftlichen Erfahrung vertreten? Nach Quine und Davidson kann man nicht einfach zu Kant zurückkehren, der ja nicht nur die Analytisch-synthetisch-Unterscheidung zur Grundlage seiner Vernunftkritik machte, sondern auch den empirischen Reduktionismus zumindest in der schwachen Form einer grundsätzlichen Differenz zwischen Anschauung und Denken, d.h. zwischen eindeutig unterscheidbaren empirischen und apriorischen Elementen unseres Wissens vertrat. Von einem Begriffsschema-Relativismus kann bei Kant noch keine Rede sein, weil ihm zufolge die reinen Anschauungsformen und die Kategorien in der allgemeinen und unveränderlichen Menschennatur gründen – in den Grundstrukturen des »Bewußtseins überhaupt«. Aber zwischen ihm und uns liegt der Historismus, also die Philosophie, die Kants Apriori als etwas historisch Gewordenes und Veränderliches erkannte. Es ist die wesentliche Einsicht des Historismus, daß das menschliche Bewußtsein historisches Bewußtsein im doppelten Sinne ist: Bewußtsein vom Historischen und selbst historisch. Schon der Hinweis auf die unlösbare Verbindung zwischen Vernunft und Sprache durch Ha-

mann, Humboldt u. a. und auf die Tatsache, daß Sprache selbst etwas historisch Gewordenes und Veränderliches ist, zeigte zur Genüge, daß die ewig unveränderliche Vernunftnatur des Menschen eine Fiktion ist. (Vgl. Schnädelbach 1983, 51 ff.)
Diese Einsicht mußte unter dem Druck der wissenschaftsgeschichtlichen Forschung in der modernen Wissenschaftstheorie nachgeholt werden: Es stimmt einfach nicht, was hier der Mainstream mindestens seit Francis Bacon annahm – daß sich nämlich die Wissenschaft nach immer gleichen Methoden und Standards, die sich angeblich aus der Vernunft selbst ableiten lassen, auf dem »langen Marsch« zur Wahrheit befindet. Vielmehr weist die Wissenschaftsgeschichte eine Reihe von ganz verschiedenen »Paradigmen« (vgl. Kuhn) auf, innerhalb deren entschieden wird, was als sinnvolle Fragestellung, anerkannte Vorgehensweise und beispielhafte Problemlösung gilt. In diesem Sinne sind in der Tat die Aristotelische und die Newtonsche Physik unvergleichbar, denn sie haben es wegen ihrer unterschiedlichen Begriffsbildung und Methodologie mit vollkommen verschiedenen Gegenstandsbereichen zu tun; was als »die« Natur gilt, ist von Paradigma zu Paradigma verschieden. Aber das wir uns das alles klarmachen können, zeigt doch, daß der Begriffsschema-Relativismus, der mit gänzlich inkommensurablen Paradigmen rechnet, nicht die Wahrheit sein kann, denn sonst könnten wir gar nicht darüber reden. (Es wäre so wie bei bestimmten Ethnologen, die uns sagen, bei dem und dem eingeborenen Volk sei alles ganz anders als bei uns, und uns dann genau erklären, wie es dort ist.) Diese Kritik setzt das dem Begrifflichen entgegengesetzte empirische Material, das angeblich aller begrifflichen Interpretation vorausliegt, nicht wieder in seine alten Rechte ein. Über das Verhältnis von Sprache und Welt sagt Davidson: »Natürlich bleibt die Wahrheit der Sätze sprachrelativ, aber objektiver geht es nun einmal nicht. Indem wir den Dualismus von Schema und Welt

fallenlassen, verzichten wir nicht auf die Welt, sondern stellen die unmittelbare Beziehung zu den Gegenständen wieder her, deren Possen unsere Sätze und unsere Meinungen wahr oder falsch machen.« (Davidson, 282) »Sprachrelativ« meint: Wir haben die Welt nur im Horizont der Sprache, doch das ist kein Relativismus, denn was nicht zumindest im Prinzip in unsere Sprache übersetzbar ist, können wir gar nicht als Sprache identifizieren; ›Sprache‹ in diesem Sinne ist ein Kollektivsingular. Die Frage ist, was dann noch ›objektiv‹ meint, wenn damit keine von der Sprache unabhängige Welt »an sich« gemeint sein soll, die man in verschiedenen Begriffsschemata und Sprachen jeweils ganz verschieden darstellen könnte. Diese Frage muß vor allem den Erkenntnistheoretiker interessieren, dem es um eine befriedigende Explikation des Erfahrungsbegriffs geht. Mit Davidson ist zu fragen: Wie könnte unsere »unmittelbare Beziehung zu den Gegenständen« aussehen, in der wir deren »Possen« bemerken, die »unsere Sätze und unsere Meinungen wahr oder falsch machen«?

Es gibt dafür wohl nur eine *pragmatistische* Antwort, die freilich bei Bacon und Kant schon vorgezeichnet ist. Erfahrung findet ihnen zufolge in Handlungszusammenhängen statt, die Bacon als die der methodologisch geforderten *experientia ordinata* und Kant als die Synthesishandlungen des Bewußtseins im Bereich der produktiven Einbildungskraft und des urteilenden Denkens begreift. Wie stark die wissenschaftliche Erfahrung in reale Handlungsprozesse eingelassen ist, zeigte vor allem der Pragmatismus, der von einem viel realistischeren Erfahrungsbegriff als der klassische Empirismus ausgeht. (Vgl. Peirce I, 293 ff.) In seiner Sicht entsteht Erfahrung im Verhältnis zwischen Überzeugung *(belief)* und Verhaltensgewohnheit *(habit)*. Der Zweifel, der dazu nötigt, neue Erfahrungen zu machen, wird hier aufgefaßt als das Resultat einer faktischen Verunsicherung der Verhaltensgewohnheit, die die vertrauten Überzeugungen, an denen wir bisher unser Verhalten orientierten, in Frage stellt. Das Forschen *(inquiry)* ist dann nichts anderes als die tätige Anstrengung, die Überzeugungen erneut festzulegen, um so die Verhaltensgewohnheiten zu restabilisieren. Dazu gibt es aber Alternativen, die Peirce die Methoden der Beharrlichkeit, der Autorität und die Apriori-Methode nennt. Man kann die verlorene Sicherheit auch dadurch zurückzugewinnen suchen, daß man so weitermacht wie bisher, bei einer mächtigen Institution, die Überzeugungen verwaltet, Unterschlupf sucht oder glaubt, nur in dem nachsuchen zu müssen, was man eigentlich schon weiß. Die Forschung freilich als Methode der Wissenschaft – und hier nennt Peirce den Namen Francis Bacons – macht sich auf die Suche nach etwas, was wir noch nicht wissen, was nicht von uns abhängt, über das wir nicht verfügen, sondern das nach eigenen, aber von uns erkennbaren Gesetzen wirkt, und dies auch auf unsere Sinne: nach der Realität. (Vgl. Peirce I, 310 f.) Hier hat die Erfahrung im wissenschaftlich relevanten Sinne ihren Ort, denn sie ist nichts anderes als das Unternehmen, in geregelten methodischen Schritten der Realität auf die Spur zu kommen. Nach Peirce gibt es keine Erfahrung ohne den Gedanken einer objektiven, von uns nicht herstellbaren Realität, und in diesem Sinne gehört die so verstandene Erfahrung wie der dabei in Anspruch genommene Begriff der Realität zu den Sinnbedingungen der Festlegung unserer Überzeugungen nach wissenschaftlicher Methode. Wer diese Methode nicht zu befolgen bereit ist, braucht weder Erfahrung noch den Gedanken einer von uns unabhängigen Wirklichkeit, deren wir uns erst noch zu versichern hätten und von der die Wahrheit oder Falschheit unserer Überzeugungen abhängen könnte.

So verteidigt der Pragmatismus von Peirce die Intuitionen des Empirismus und des empirischen Realismus, auf den auch

Kant den größten Wert legte. (Vgl. A 367 ff.) Peirce folgt Kant auch mit der These, daß man das, was der Empirist meint – das Gegebene der Erfahrung, die von uns unabhängige, objektive, von uns nur feststellbare Realität –, nicht direkt darstellen kann; man kann es nur explizieren oder rekonstruieren als eine Voraussetzung und als Ziel der erfahrungswissenschaftlichen Methodologie selbst, nämlich als dasjenige, dem wir uns in Erfahrungsprozessen auf Risiko hin aussetzen, was sich in ihnen auch gegen unsere Erwartungen zu Wort melden soll: als das Neue, auf das wir aus sind. Die Logik solcher Forschungsprozesse hat Peirce logisch expliziert als den Zusammenhang von Induktion, Deduktion und Abduktion, wobei die Abduktion ungefähr dem entspricht, was Popper als deduktive Hypothesenprüfung faßte. Für Popper entscheidet dieses Verfahren darüber, ob eine wissenschaftliche Disziplin als empirisch gelten kann oder nicht, und nicht der Rekurs auf ein objektivierbares Gegebenes. (Vgl. LdF 8 ff.) So ist es wohl nur sinnvoll, den Empirismus methodologisch und damit als eine Variante des Pragmatismus zu verstehen.

Es ist ein besonderer Vorteil des pragmatistischen Konzepts wissenschaftlicher Erfahrung, daß es nicht wie der empiristische und der ältere, am Experiment orientierte operative Erfahrungsbegriff nur im Bereich der Naturwissenschaften Sinn macht. Methodisch geregelte Beobachtungen und Experimente finden auch in der Psychologie und in den Sozialwissenschaften statt, aber das mag man als bloße Nachahmung naturwissenschaftlicher Methoden abtun. Natürlich macht es nicht unbedingt Sinn, die Häufigkeit des Wortes ›und‹ in Goethes *Faust* zu zählen oder den durchschnittlichen Schalldruck der 9. Symphonie von Beethoven zu messen, denn was hätten wir dann schon verstanden? Doch auch die Historiker und Textwissenschaftler gehen mit bestimmten Vermutungen an die Quellen und Texte heran und versuchen, sie in kontrollierbarer Weise zu bestätigen oder zu widerlegen. Wenngleich es sich dabei nicht um Gesetzeshypothesen wie in den mathematischen Naturwissenschaften handelt, sondern um Hypothesen, wie dies und das zu interpretieren sei, kann man hier durchaus von Empirie im Sinne deduktiver Hypothesenüberprüfung sprechen. Überhaupt ist die einfache Entgegensetzung von Natur- und Geisteswissenschaften ein verbreiteter philosophischer Mythos, der aus dem 19. Jahrhundert stammt und schon damals nicht der Wahrheit entsprach. Die Naturwissenschaften sind tatsächlich eine Familie von höchst unterschiedlichen Disziplinen, die es gar nicht gestatten, von »der« naturwissenschaftlichen Methode zu sprechen. (Vgl. Keil/Schnädelbach, 22) Wenn man es trotzdem versucht, kommt etwas heraus, was so formal ist, daß es auch und gerade für die herkömmlichen »Geisteswissenschaften« gilt – nämlich das Verfahren, hypothetische Annahmen zu präzisieren und sie deduktiv, d.h. anhand dessen zu überprüfen, was jeweils als die geeignete Überprüfungsmethode und als der einschlägige empirische Kontrollbereich anerkannt ist.

Die in den verschiedenen Disziplinen unterschiedliche Gestalt wissenschaftlicher Erfahrung muß man freilich respektieren. Es war sicher ein Irrtum der einheitswissenschaftlichen Wissenschaftstheorie der sechziger und siebziger Jahre des 20. Jahrhunderts zu meinen, es müsse eine einheitliche erfahrungswissenschaftliche Methodologie geben, die für alle Disziplinen verbindlich sei. Gleichwohl ist hier nicht überall alles dasselbe. So ist es sicher unangemessen, gegen die Ansprüche des einheitswissenschaftlichen Konzepts wissenschaftlicher Erfahrung nun umgekehrt die Universalität der hermeneutischen Erfahrung ins Feld zu führen, wie es bei Heidegger und insbesondere bei Gadamer geschehen ist. (Vgl. Gadamer 1960, 449 ff.) Richtig ist: Die Naturwissenschaften sind selbst eine kulturelle Tatsache, und wie uns die Wissenschaftsgeschichte gezeigt hat, ist die Natur als ihr Gegenstandsbereich ein kulturelles Konstrukt, das Alternativen ließ und immer noch zuläßt. Daß aber die Naturwissenschaften selbst nicht in demselben Sinne eine Naturtatsache sind wie die Kulturwissenschaften eine Kulturtatsache, ist eine Asymmetrie, die dem Universalitätsanspruch der hermeneutischen Erfahrung Grenzen setzt. Ihr Grund ist in den verschiedenen Weisen der Objektivierung des jeweiligen Gegenstandsbereichs zu suchen. Wenn wir etwas als eine Naturtatsache objektivieren, verstehen wir es als etwas, bei dem es nichts zu verstehen, sondern nur zu beschreiben, zu klassifizieren und zu erklären gilt, während es freilich nicht verboten ist, so auch auf Kulturtatsachen zuzugehen. Dann jedoch objektivieren wir sie gerade nicht als Kulturtatsachen, denn das geschieht nur dort, wo wir Verständlichkeit unterstellen. Jürgen Habermas hat in seiner berühmten Frankfurter Antrittsvorlesung über *Erkenntnis und Interesse* (1965) diesen Unterschied auf die fundamentale Differenz leitender Erkenntnisinteressen zurückgeführt (vgl. Habermas 1968, 146 ff.) – zum einen auf das Interesse an der Verfügung über vergegenständlichte Prozesse und zum anderen auf das Interesse an der Sicherung unserer lebenspraktischen Grundlagen. Um das emanzipatorische Erkenntnisinteresse, das Habermas den kritischen Sozialwissenschaften und der Psychoanalyse zuordnet, ist es inzwischen still geworden, aber wohl mehr aus Gründen des Zeitgeistes als wegen überzeugender Gegenargumente. (Vgl. Müller-Dohm) Man kann diese Konzeption, die Karl-Otto Apel nicht nur mit angeregt, sondern auch weitergeführt hat (vgl. Apel 1973, II, 96 ff.), als eine Kombination der Ansätze von Kant und Peirce verstehen; ihre Implikationen für eine Theorie der Erfahrung wurden aber niemals ausgeführt, zumal sie selbst noch viel zu sehr von der einfachen Entgegensetzung von Natur- und Geisteswissenschaften abhängt und im

Hinblick auf weitere Arten des Erkenntnisinteresses ergänzt werden müßte.

Wissenschaft

›Wissenschaft‹ ist der Grundbegriff der Wissenschaftstheorie und müßte in einer Einführung in diese philosophische Teildisziplin genauer expliziert werden. Da aber die wissenschaftliche Erkenntnis seit eh und je als die höchste und wichtigste Form des Wissens gilt, muß auch hier davon die Rede sein, wobei wir uns auf einige begriffsgeschichtliche Bemerkungen beschränken müssen.

Schon im Abschnitt über die Erfahrung wurde gezeigt, daß für Aristoteles Kunst *(téchne)* und Wissenschaft *(epistéme)* sich von der Erfahrung als der Erkenntnis des Einzelnen dadurch unterscheiden, daß sie Erkenntnis des Allgemeinen und dadurch der Gründe und Ursachen der Einzeldinge sind. Sie unterscheiden sich nur nach den Gegenstandsbereichen: Während die Kunst das Allgemeine der Herstellung *(poíesis)* und seiner Bedingungen kennt, betrifft die Wissenschaft das Allgemeine dessen, was nicht in unserer Macht steht und zu dem wir nur eine theoretische, d.h. betrachtende Einstellung einnehmen können. Diese Differenz zwischen dem Technisch-Praktischen und dem Theoretischen des allgemeinen Wissens ist eine wichtige Neuerung gegenüber Platon, der noch nicht eindeutig zwischen *téchne* und *epistéme* unterscheidet. Der Grund dafür ist die durchweg politische Orientierung seiner Philosophie, die sich in seiner Forderung nach den Philosophenkönigen zeigt; ihr zufolge muß das alles entscheidende, wahre Wissen letztlich ein praktisches Herstellungswissen sein. Die Unterscheidung zwischen *téchne* und *epistéme* – oder zwischen lat. *ars* und *scientia* – ist trotz mancher Unschärfen, die durch deren strukturelle Gleichheit bedingt waren, niemals ganz vergessen worden, und so konnte Francis Bacon sie in seinem *Novum Organon* gegen den herkömmlichen, an der *theoría* orientierten Wissenschaftsbegriff ausspielen.

Wichtig ist ferner, daß schon bei Aristoteles *epistéme* und *philosophía* in Wahrheit dasselbe bedeuten, wobei *epistéme* mehr die dianoetische Fähigkeit des Menschen zum allgemeinen theoretischen Wissen betont und *philosophía* meist das gewonnene wissenschaftliche Wissen meint, aber beide Begriffe sind auch austauschbar. Ebenso verhielt es sich bis zu Hegel mit lat. *scientia* und *philosophia*, d.h. mit Wissenschaft und Philosophie: Jedes begründete Wissen wurde ›Philosophie‹ genannt, während der uns vertraute, von der Wissenschaft unterschiedene Philosophiebegriff das betrifft, was von der »reinen« Philosophie, also der Metaphysik übrigblieb. Anzumerken ist auch, daß die Unterscheidung zwischen Theologie und Philosophie erst in der Scholastik des Hochmittelalters erfolgte; zuvor gab es nur eine einheitliche *scientia christiana*, in der dem Anspruch nach alles Wissen vereinigt war. (Vgl. dazu Flasch, 246 ff.) Die Philosophen der Neuzeit haben immer großen Wert darauf gelegt, nicht mit der kirchlichen Theologie in Konflikt zu geraten, die ja ein mächtiger politischer Faktor war. Dies hinderte sie aber nicht daran, eine »natürliche« Theologie als eine Gotteslehre zu entwickeln, die sich nicht auf die Offenbarung, sondern allein auf das »natürliche Licht« der Vernunft stützte; bis zu Kants Widerlegung der Gottesbeweise war die natürliche oder »rationale« Theologie ein selbstverständlicher Bestandteil der Philosophie.

Eine weitere Besonderheit des neuzeitlichen Wissenschaftsbegriffs besteht darin, daß sie das Aristotelische Wissen des Allgemeinen nicht mehr primär als Wissen des Wesens der Dinge, sondern der *Gesetze* anstrebt, denen die Dinge und Ereignisse folgen. Der Begriff des Naturgesetzes kommt bei Platon und Aristoteles nur gelegentlich vor; er ist vor allem ein Erbe der

Stoa, das über Heraklit bis auf Anaximander zurückgeht. Er folgt dem Gedanken, daß alles in der Welt einem einheitlichen göttlichen Gesetz unterliegt, das Heraklit als den *lógos* und die lateinische Stoa als *lex divina* und *lex naturalis* bezeichnet. Die Stoa wurde für die frühe Philosophie der Neuzeit erneut wichtig als Gegengewicht gegen die durch die Scholastik übermächtig gewordene platonisch-aristotelische Tradition (vgl. Abel), und dies trug wesentlich zur Herausbildung des uns vertrauten Gedankenmodells bei, dem zufolge die Natur von bestimmten unveränderlichen Gesetzen bestimmt ist, die wir durch Beobachtung und Experiment ermitteln können. Neu gegenüber der Stoa ist die Überzeugung der neuzeitlichen Wissenschaft, daß sich diese Gesetzlichkeiten wesentlich in mathematischer Form ausdrücken und darstellen lassen; Galilei und Newton lieferten hierfür die paradigmatischen Vorbilder.

Neu ist am neuzeitlichen Wissenschaftsverständnis außerdem, daß es über die Aristotelischen Bestimmungen hinaus den Gedanken des *Systems* zugrunde legt, der sowohl der Antike wie der Scholastik, deren Wissenschaftsform die *Summa* ist, aber auch Francis Bacon noch gänzlich fremd ist. Daß man sich dabei stets an der Euklidischen Geometrie orientierte, bezeugte nicht bloß »ein altes, kaltes Vorurteil für die Mathematik« (Hamann, 223), sondern ebenso höhere Ansprüche an die Wissenschaftlichkeit des Wissens, die man mit den methodischen Vorbildern des Aristoteles oder der Scholastik nicht erfüllen konnte. Descartes bekennt, daß ihn nur die Beweise der Mathematiker wirklich überzeugt hätten. (Vgl. Abh 6) So haben Philosophen immer wieder versucht, die Systemform der Geometrie nachzuahmen, wofür Spinozas *Ethica ordine geometrico demonstrata* das prominenteste Beispiel ist; jeder ihrer Teile beginnt mit Definitionen von Grundbegriffen und Axiomen, um dann die philosophische Lehre in Form von daraus ableitbaren Lehrsätzen darzustellen.

Obwohl Kant und Hegel dieses Modell für die Philosophie ablehnten, stimmten sie doch darin überein, daß sie nur als System möglich und anstrebbar sei. Kant sagt: »Das System aller philosophischen Erkenntnis ist nun *Philosophie*.« (B 866) Und bei Hegel heißt es: »Die wahre Gestalt, in welcher die Wahrheit existiert, kann allein das wissenschaftliche System derselben sein. Daran mitzuarbeiten, daß die Philosophie der Form der Wissenschaft näherkomme – dem Ziele, ihren Namen der *Liebe zum Wissen* ablegen zu können und *wirkliches Wissen* zu sein –, ist es, was ich mir vorgesetzt.« (TWA 3, 14)

Der Übergang von der System- zur Forschungswissenschaft im späten 18. Jahrhundert führt das herauf, was unser modernes Wissenschaftsverständnis kennzeichnet. Es ist vor allem bestimmt durch die Pluralisierung des Wissenschaftsbegriffes selbst; davon war schon die Rede bei der Unterscheidung zwischen Natur- und Geisteswissenschaft, die man auf die Differenz zwischen Erklären und Verstehen stützen wollte. Die Wissenschaftler selbst haben sich diese Erfindung von Philosophen niemals zu eigen gemacht, sondern sie lieber den Philosophen (Dilthey, Windelband, Rickert u.a.) oder den philosophierenden Wissenschaftlern (vor allem Droysen) überlassen. Die moderne Wissenschaft als Forschungswissenschaft fühlte sich vom traditionellen Systemzwang entlastet. Natürlich wollte sie in ihrem jeweiligen Bereich systematisch vorgehen und dann auch systematische Übersichten schaffen, aber hier war ›systematisch‹ primär ein Methodenprinzip – vergleichbar der Unterscheidung d'Alemberts zwischen dem *esprit de système* und dem *esprit systématique*. (Vgl. d'Alembert, 27) So konnte die Forschung in ganz verschiedene Richtungen ausschwärmen, und es entstanden ständig neue Disziplinen, für die die klassischen Wissenschaftsklassifikationen gar keinen Raum boten, so daß sie immer wieder revidiert werden mußten.

Beispiele dafür sind die Physiologie, die physikalische Chemie, die Biochemie, die Psychophysik und dann vor allem die experimentelle Psychologie »ohne Seele« (F. A. Lange), die die Wissenschaftstheoretiker so verlegen machte, daß sie von einer »Naturwissenschaft des Geistes« sprachen – nach traditioneller Denkweise ein hölzernes Eisen. Auch die Soziologie, die mit Auguste Comte in der Mitte des 19. Jahrhunderts entstand, kann man nicht in der Alternative ›Natur- vs. Geisteswissenschaften‹ unterbringen. Adorno betonte immer wieder: »Die Soziologie ist keine Geisteswissenschaft« (vgl. Institut 112), aber Naturwissenschaft sollte sie auch nicht sein. Noch größere Schwierigkeiten als die Sozialwissenschaften machen die Mathematik – wenn etwas eine »Geisteswissenschaft« sein soll, dann sie, aber sie gehört in unserem Verständnis stets zu den Naturwissenschaften – und die Medizin, die zwar naturwissenschaftliche Grundlagen hat, aber primär für die Therapie da ist. In diesem Zusammenhang wurde auch die Philosophie zu einem Fach, das aber bestimmt keine »Geisteswissenschaft« ist, obwohl sie auch geisteswissenschaftliche Elemente aufweist; sie liegt gewissermaßen quer zu allen Wissenschaftseinteilungen. (Vgl. Schnädelbach/Keil, 14) So tut man gut daran, den alten Fetisch ›Natur- vs. Geisteswissenschaften‹ fallenzulassen und dann auch darauf zu verzichten, für ›Geisteswissenschaften‹ den neueren Terminus ›Kulturwissenschaften‹ einzuführen. In der DDR waren die Kulturwissenschaften ein Sonderbereich, in dem die »Kulturschaffenden« und Verwalter des »nationalen Kulturerbes« ausgebildet wurden; sie waren zugleich ein Ort, an den rege Geister vor dem Dogmatismus des Marxismus-Leninismus fliehen konnten. International gesehen werden die Kulturwissenschaften betrieben als *Cultural Studies*, und dazu gehört sehr viel Verschiedenes – z.B. die Ethnologie –, was man in dem deutschen Pendant der ›Geisteswissenschaften‹ nicht unterbringen kann.

Was die moderne Forschungswissenschaft in der kulturellen Realität bedeutet, hat Max Weber in unübertreffbarer Weise in *Wissenschaft als Beruf* (1919) (vgl. Weber; auch Plessner) vor Augen geführt. Wissenschaft ist nicht mehr ein Besitz, sondern ein Prozeß. Sie ist nicht mehr ein Ort der Bildung wie bei Humboldt, sondern ein Markt, auf dem immer nur das Neue zählt, das darauf wartet, verbessert oder widerlegt zu werden. Die Wissenschaft ist im übrigen nicht mehr eine Angelegenheit großer Individuen wie Goethe, sondern ein arbeitsteiliger Betrieb, in dem es weniger auf Persönlichkeit als auf Effizienz ankommt. Wissenschaftler ist, wer an diesem Betrieb teilnimmt, und in diesem Sinne ist Wissenschaft ein Beruf wie jeder andere. So hat man mit Recht von der Industrialisierung der Wissenschaft gesprochen, angesichts deren die »Geisteswissenschaften« wie Relikte aus dem Manufakturzeitalter wirken. Die Wissenschaft findet, sofern sie unser Leben bestimmt, in großen Forschungseinrichtungen statt und nicht am Schreibtisch einzelner Gelehrter. Damit ist auch die Technologisierung der Wissenschaft verbunden; die alte Unterscheidung zwischen *téchne* und *epistéme*, *ars* und *scientia* gilt nicht mehr. Die Zukunft gehört der Nuklear- und der Gentechnologie, und wer wollte hier wie bei anderen Großtechnologien noch Technik und Theorie unterscheiden, bedeutet doch ›Technologie‹ selbst nichts anderes als mit Hilfe von Theorien verwissenschaftlichte Technik.

Damit ist aber ›Wissenschaft‹ als erkenntnistheoretisches Thema nicht erledigt, sondern ganz neu gestellt. Wenn das Allgemeine, die Gründe und Ursachen, das System und die Unterscheidung zwischen Theorie und Technik, »reiner« Forschung und Anwendung nicht mehr aktuell sind – welche Form des Wissens kann denn dann noch als wissenschaftlich gelten? Wenn wir offensichtlich keine allgemeinverbindliche Definition von ›Wissenschaft‹ mehr besitzen, brauchen wir dann nicht zumindest ein Kriterium für die Unterscheidung zwischen ›wissenschaftlich‹ und ›unwissenschaftlich‹, zwischen ›Wissenschaft‹ und Pseudowissenschaften wie Astrologie? Die moderne Wissenschaftstheorie hat sich lange und intensiv darum bemüht, und Popper hatte geglaubt, daß er zumindest mit der Idee der »kritischen Prüfung« ein solches Kriterium vorweisen könne. Paul K. Feyerabend zeigte im Anschluß an Kuhn und aufgrund eigener wissenschaftshistorischer Vergleiche, daß es nicht existiert, und er folgerte daraus: »Anything goes«. (Vgl. Feyerabend 1976) Diese Beobachtung machte er aber dann zum normativen Prinzip dessen, was er »wissenschaftstheoretischen Anarchismus« und dann auch »Dadaismus« nannte, und er folgerte daraus, daß die Wissenschaftstheorie eine bis dahin »unbekannte Art des Irrsinns« (Feyerabend 1973) sei.

So etwas mag belustigend sein, überzeugend ist es nicht. Es kommt in der Erkenntnis- und Wissenschaftstheorie nicht darauf an, was jemand in welcher Situation für verbindlich gehalten hat oder nicht, sondern auf das, was *wir* vor dem Hintergrund unseres Wissens und unserer Ziele mit Gründen als wissenschaftlich anzuerkennen bereit sind. Das können wir nur in einer »Familie« von Kriterien angeben, die in den verschiedenen Disziplinen mehr oder weniger, aber immer nur teilweise erfüllt werden. (Vgl. Keil 1996) Dies gilt ebenso für die Philosophie, die nicht einfach als »unwissenschaftlich« abgetan werden kann, weil auch sie imstande ist, bestimmte Standards zu erfüllen, die auch in anderen Wissenschaften gelten. Der wissenschaftstheoretische Anarchist hat darin recht, daß es weniger auf die Regeln ankommt, nach denen das wissenschaftliche Wissen gewonnen wird, obwohl die auch existieren; wichtiger als dieser *context of discovery* ist der *context of justification* (Reichenbach, zit. nach: Albert, 38), d.h. der Rechtfertigung der mit dem wissenschaftlichen Wissen erhobenen Geltungsansprüche. Aber auch die Kriterien der Rechtfertigung sind in den verschiedenen Wissenschaften verschieden, und häufig tut man gut daran, sie nicht zu früh ins Spiel zu bringen, sondern das Wissen erst einmal wachsen zu lassen. Das uns vertraute Modell der Rechtfertigung gilt keineswegs für die Wissenschaft anderer Zeiten und Kulturen; es entfällt, wenn sie im Wissen von Weisen besteht, deren Autorität man anerkennt, oder im Fall der alten Idee der Geheimwissenschaft. Daß wir ihm zu folgen bereit sind und die öffentliche Nachprüfbarkeit der Wissensansprüche der Wissenschaft fordern, obwohl wir dieser Forderung in der Regel als Laien gar nicht nachkommen können und sie wieder an Experten delegieren müssen, verweist auf den Zusammenhang unserer leitenden Vorstellungen von Wissenschaftlichkeit mit unseren freiheitlichen und demokratischen Lebensformen; was wir hier akzeptiert haben, kann im Bereich der Formen des Wissens nicht bedeutungslos bleiben.

Kleine Geschichte der Wissensformen

Es sollte nun deutlich sein, daß sich die verschiedenen Formen des Wissens in der Geschichte des Nachdenkens über sie verändert haben. Es wäre irrig zu glauben, es hätte sie seit Urzeiten gegeben und man habe sie nur allmählich entdecken müssen. Was für die Menschen der Begriff ›Wissen‹ bedeutete, war niemals unabhängig von Struktur und Inhalt dessen, was sie wußten oder zu wissen glaubten, und dies gilt auch und gerade für das, was wir heute mit guten Gründen mit diesem Begriff verbinden. Deswegen ist es sinnvoll, wenn die Erkenntnistheorie als Explikation der Wissensformen sich dieser historischen Dimension vergewissert.

Man kann die Geschichte der Wissensformen als eine Geschichte der *Ausdifferenzierung* der Wissensbegriffe beschreiben, wobei man von den Griechen deswegen ausgehen muß, weil sie im Unterschied zu allen anderen Hochkulturen die Konzeption von Wissenschaft im uns vertrauten und inzwischen über den Globus verbreiteten Sinne des begründeten Wissens hervorbrachten. Der Stammvater dieser Idee ist ohne Zweifel Sokrates, aber angelegt war sie schon bei den vorsokratischen Denkern, die in der Sache überzeugen und sich nicht auf göttliche oder irdische Autoritäten berufen wollten. In der griechischen Umgangssprache gab es keinen einheitlichen Ausdruck für Wissen, sondern wie auch in allen anderen natürlichen Sprachen eine ganze Familie von einschlägigen Ausdrücken. (Vgl. zum folgenden Schadewaldt, 162 ff.) Dazu gehört ›eidénai‹ (wissen) mit ›eîdos‹ und ›idéa‹ (Gestalt, Wesen, Begriff). Die Wurzel ›id-‹ bedeutet ›Gesehenhaben‹; demzufolge weiß jemand etwas, was er gesehen oder geschaut hat. Ein anderes Wissenswort ist ›sophía‹, was meist mit ›Weisheit‹ übersetzt wird, aber nicht Weisheit im Sinne von ›Altersweisheit‹ oder ähnliches meint. Es ist vielmehr ein Inbegriff von besonderen Kenntnissen und Fähigkeiten, die ihren Besitzer zu einer bemerkenswerten Figur machten. So sprachen die Griechen von den »sieben Weisen«, unter denen sich sehr verschiedene Personen, darunter der Gesetzgeber Solon und der erste »Philosoph« Thales, befanden. Auch die von Platon bekämpften Sophisten waren nicht ›sophistisch‹ in unserem Sinne; sie hatten eine *sophía* anzubieten, z.B. die Redekunst, mit der man vor der Volksversammlung oder dem Gericht auch einmal die schwächere Sache zur stärkeren machen konnte – so das Versprechen des Protagoras. Ähnlich ist es mit ›epistéme‹: Buchstäblich bedeutet das Wort ›einer Sache vorstehen‹, dann auch ›sie beherrschen‹ und ›sich auf sie verstehen‹ (vgl. die gemeinsame Wurzel ›ste-‹). Noch bei Platon ist ›epistéme‹ so gemeint, ganz im Sinne von engl. ›to know‹, und umfaßt theoretisches, technisches und praktisches Wissen. Erst Aristoteles legt diesen Ausdruck auf das theoretische Wissen fest.

So ist die Terminologisierung der Wissensbegriffe im Griechischen ein langer Prozeß gewesen, für den Aristoteles einen vorläufigen und bis in die Neuzeit verbindlichen Abschluß markierte. Seine Lehre von den dianoetischen Tüchtigkeiten zählt folgende Wissensformen auf: Kunst *(téchne)*, Wissenschaft *(epistéme)*, Klugheit *(phrónesis)*, Weisheit *(sophía)*, geistige Einsicht *(noûs)*. Geistige Einsicht ist nach Aristoteles die Fähigkeit, eine Wahrheit »intuitiv«, wie mit einem Blick zu erfassen; Weisheit gilt ihm als die Einheit von Wissenschaft und geistiger Einsicht. Von diesen Fähigkeiten oder Tüchtigkeiten sagt er, sie seien die »Mittel, mit denen die Seele bejahend oder verneinend die Wahrheit trifft« (NE 1139b 15 ff.); sie sind also Mittel des Erkenntniserwerbs durch Bejahung oder Verneinung. Sie führen in allen Fällen zu Urteilen, denn bejahen und verneinen kann man nicht Dinge, sondern nur Sachverhalte, und zwar in der Form »Es ist (nicht) der Fall, daß p«. So ist schon Aristoteles ein Gewährsmann für die Propositionalitätsthese.

Auffällig ist, daß in dieser Liste die drei zu Beginn der *Metaphysik* beschriebenen ersten Wissensformen Wahrnehmung, Erinnerung und Erfahrung *nicht* vorkommen. Der Grund ist für Aristoteles, daß sie nicht am Denken teilhaben, wofür er ›noeîn‹ als Oberbegriff verwendet, aber auch ›phroneîn‹, das man besser mit ›Begreifen‹ übersetzt. Das Substantiv zu ›noeîn‹ ist das Wort ›noûs‹, das Aristoteles nicht nur im Sinne der Wissensform ›geistige Einsicht‹ verwendet, sondern auch als Bezeichnung des Teils der Seele, mit dem diese nachdenkt *(dianoeîsthai)* und vermutet *(hypolambánein)*. (Vgl. De an 429a 23) Zum Verb ›dianoeîsthai‹, was buchstäblich ›eine Sache durchdenken‹ bedeutet, gehören dann auch die »dianoetischen« Tüchtigkeiten, die somit sämtlich als Denkfähigkeiten erscheinen. Das Vermuten gehört auch dazu, weil dabei die Wahr-falsch-Differenz im Spiel ist, über die wir allerdings nicht verfügen. Auch beim Vorstellen$_2$

(phantasía), das Aristoteles eng mit der Erinnerung *(mnéme)* verknüpft, spielt sie eine Rolle, aber in anderer Weise: Vorstellungen können auch falsch sein. Dabei liegt es bei uns, was wir uns vorstellen. Wenn wir uns etwas bloß vorstellen, vertrauen wir nicht darauf, daß es wahr sei; deswegen gehört die *phantasía* nicht zu den die Wahrheit oder Falschheit treffenden Seelenkräften. (Vgl. De an 428a 15 ff.) Die Wahrnehmung hingegen unterscheidet sich nach Aristoteles als Voraussetzung der Vorstellung$_2$ dadurch von ihr, daß sie immer wahr ist; damit gehört sie zwar gemeinsam mit Meinung *(dóxa)*, Wissen *(epistéme)* und geistigem Erfassen *(noûs)* zu den Fähigkeiten, mit denen die Seele Wahres erfaßt (vgl. De an 428a 1 ff.), aber hier wird nicht gedacht, denn dann müßte die Wahrnehmung auch falsch sein können wie das Nachdenken *(dianoeîsthai)*. Tiere haben ebenfalls Wahrnehmungen, doch eben nicht die Fähigkeit des Nachdenkens und Überlegens. (Vgl. De an 427b 12 ff.; auch Met 980b 28 f.)

So bleibt noch zu fragen, warum Aristoteles nicht auch die Erfahrung unter den Denkfähigkeiten aufführt, wo es sich dabei doch um ein Erkennen des Einzelnen handelt, das wir wegen seiner propositionalen Form doch ohne weiteres mit Denken und Urteilen in Verbindung bringen. Der Grund dafür ist wohl, daß für ihn die Erfahrung das nicht intendierbare Resultat der Erinnerung ist: »Aus der Erinnerung nämlich entsteht für den Menschen Erfahrung, denn die Vielheit der Erinnerungen an denselben Gegenstand erlangt die Bedeutung einer einzigen Erfahrung.« (Met 980b 25 f.) Daß sie daraus entsteht, erfordert sicher auch *phantasía*, aber diese ist ebenfalls kein Denkvermögen. Daß man die Erfahrung nicht beabsichtigen kann, sondern sie entstehen und wachsen lassen muß, unterscheidet sie wesentlich von dem, was wir mit dem neuzeitlichen Empirie-Konzept in Verbindung bringen: die beobachtende oder experimentelle Überprüfung von Vermutungen *(hypólepseis)*. Die Vermutung gehört nach Aristoteles allerdings zu den Denkvermögen; seine *empeiría* hat nichts zu tun mit der Methode der empirischen Wissenschaften.

Bevor Aristoteles in *De anima* die zweifache Unterscheidung zwischen Wahrnehmung, Vorstellung$_2$ und Denken präzisiert, spricht er im Rückblick davon, daß die »Alten« fälschlicherweise Denken *(noeîn)* und Wahrnehmen *(aisthánesthai)* gleichgesetzt hätten, wobei er Empedokles und Homer zitiert. (Vgl. De an 427b 21 ff.) Verständnisvoll fügt er hinzu: »denn bei diesen beiden Tätigkeiten erfaßt und erkennt die Seele etwas von den Dingen«. Die Differenz zwischen Wahrnehmen und Denken wurde fundamental für die Geschichte der Wissensformen unserer philosophischen Tradition. Bei Aristoteles hat sie bereits eine längere Phase hinter sich, und die Ausdifferenzierung im Begriff des vom Wahrnehmen unterschiedenen Denkens ist schon weit vorangeschritten. Wie wortgeschichtliche Untersuchungen gezeigt haben, bedeutet ›noeîn‹ ursprünglich ein nicht beabsichtigtes, instinktives Bemerken von etwas, wobei Sinnliches und Geistiges noch nicht geschieden sind. (Vgl. Schadewaldt, 164) Begriffsgeschichtlich aber ist beides schon bei Parmenides auseinandergetreten, der etwa hundert Jahre vor Aristoteles in Elea in Italien lebte und lehrte. Sein so berühmter wie rätselhafter Satz »Denn dasselbe ist Denken *(noeîn)* und Sein *(eînai)*« (Fragm. 3 wörtlich) ist in dieser Form eigentlich unverständlich und deswegen immer wieder anders übersetzt worden: »Denn (nur) ein und dasselbe kann gedacht werden und sein« (Capelle, 165); »Denn es ist dasselbe: daß Erkennen ist und daß Sein ist« (Gadamer 1965, 21); »Denn dasselbe kann gedacht werden und sein« (Parmenides, 17). Ein Schlüssel zum Sinn dieses Satzes ist die Tatsache, daß Parmenides wie dann auch Platon und Aristoteles die Wissensformen von ihren Gegenstandsarten her unterscheidet und interpretiert. Im Unterschied zur Erkenntnistheorie der Neuzeit, die seit Descartes immer vom Bewußtsein und seinen Fähigkeiten ausgeht, verfährt die der Antike ontologisch: Sie geht von einer Struktur der Wirklichkeit aus und ordnet den jeweiligen Seinsstufen eine bestimmte menschliche Erkenntnismöglichkeit zu. Dieses Verfahren ist sehr plausibel und vermag auch heute noch zu überzeugen, wo nämlich gefordert wird, unsere Erkenntnismethoden mögen sich nach der Art der Gegenstände richten und nicht umgekehrt. Die Gegenfrage muß unter Bedingungen des cartesianischen Zweifels lauten: Woher wissen wir denn vor der Anwendung unserer Methoden, mit welcher Art von Gegenständen wir es zu tun haben und wie die Realität aufgebaut ist?

Parmenides hat eine sehr einfache Ontologie: »Sein ist, aber nicht Nichtsein« (Fragm. 6), und das bedeutet, daß nur das in Wahrheit existiert, was alles Nichtsein aus sich ausschließt – also das Nichtsein-wie-Anderes und dadurch Als-das-und-das-Bestimmtsein, Noch-nicht-Sein (Werden), Nicht-mehr-Sein (Vergehen) etc. Dieses nicht nichtseiende Sein ist als das wahre Sein die Wahrheit. Es liegt auf der Hand, daß man dieses ganz Bestimmungs- und Zeitlose nicht mit den Sinnen erfassen kann – Parmenides spricht hier von der »Gewohnheit des Vielen«, die Aristoteles später »Erfahrung« nennt, und von Auge, Ohr und Zunge (vgl. Fragm. 7) –, sondern nur durch das Denken *(noeîn)*. Was die Sinne erfassen, enthält immer die gedanklich absurde Vermengung von Sein und Nichtsein, ist deshalb bloße Meinung (s. Fragm. 8), was zugleich ›Schein‹ bedeutet, denn die Wirklichkeit, die sich den Sinnen darbietet und die vielen schwankenden Überzeugungen erzeugt, »ist« ja nicht im strengen Sinne, sie ist vielmehr scheinhaft.

Daß nur das vom sinnlichen Wahrnehmen unterschiedene Denken *(noeîn)* das wahre Sein erfassen und nur in diesem Sinne wahr sein kann, ist auch die Lehre Platons. Dieses Wahre ist für ihn nicht mehr das völlig unbestimmte Sein des Parmenides, sondern der Inbegriff der Ideen. Seine Erkenntnislehre hat Platon im Liniengleichnis des *Staates* (vgl. Resp 509a ff.) dargestellt. Wie Parmenides unterscheidet er zwischen der wahren und der scheinbaren Welt; die wahre Welt ist für ihn die nur gedanklich erfaßbare, denkbare Welt *(kósmos noetós)*, und die scheinbare bezeichnet er als die sichtbare Welt *(kósmos horatós)*. Im Unterschied zu Parmenides behauptet Platon nicht, daß die sichtbare, also mit den Sinnen erfaßbare Welt gar nicht existiere, doch es gebe sie nur als Abbild oder Nachbild der denkbaren Welt, und sie besitze Sein nur in dem Maße, in dem sie an dieser wahren Welt teilhat. Dieses Urbild-Abbild-Verhältnis präsentiert das Gleichnis dadurch, daß Platon uns auffordert, uns eine Linie in zwei ungleiche Abschnitte geteilt zu denken, wobei der größere Teil die wahre Welt und der kleinere Teil die sichtbare Welt präsentieren soll. Diese beiden Abschnitte sollen wir uns wieder ebenso geteilt denken, denn Platon lehrt, daß sich die Urbild-Abbild-Beziehung hier jeweils wiederholt. In der sichtbaren Welt steht der kleinere Teil für die Bilder und Schatten der realen Dinge, die der größere Abschnitt meint, während in der denkbaren Welt die Gegenstände der Geometrie als Abbilder der Ideen aufzufassen sind. Daß es nicht nur sinnliche Gegenstände gibt, hat Platon der Praxis der Mathematiker seiner Zeit entnommen, die zwar mit Stöcken bestimmte Figuren, also Dreiecke oder Kreise, in den Sand malten, aber gar nicht von ihnen, sondern von »dem« Dreieck, »dem« Kreis sprachen und das Gezeichnete als unvollkommenes Nachbild oder bloße Andeutung verwendeten. Für Platon war somit die Geometrie eine unvermeidliche Voraussetzung für die Erkenntnis des Wahren, und deshalb schrieb er über den Eingang seiner Akademie: »Niemand trete ein, der nicht in Geometrie bewandert ist.«

Dieser Struktur des Seienden entsprechen dem Liniengleichnis zufolge die Formen des Wissens. (Vgl. Resp 511d f. und 534a) Die sichtbare Welt ist das Gegenstandsfeld der Meinung oder bloßen Überzeugung *(dóxa)*, die denkbare Welt das der Erkenntnis *(nóesis)*. Die *dóxa* weist die beiden Wissensformen ›bloßes Meinen, Wähnen‹ *(eikasía)* und ›Glauben‹ *(pístis)* auf, während bei der *nóesis* das zu unterscheiden ist, was man in neuerer Terminologie als ›Verstandeserkenntnis‹ *(diánoia)* und ›Vernunfterkenntnis‹ *(epistéme)* bezeichnet. Das methodische Medium der *diánoia* ist nach Platon die Geometrie und das der *epistéme* die Dialektik. Dialektik ist die von Platon und in der Akademie gelehrte und praktizierte sachorientierte Unterredungskunst, in der es primär um die Klärung und Definition der sprachlichen Ausdrücke für die Ideen ging.

Platon wußte, daß die ontologisch begründete Unterscheidung zwischen Wahrnehmen und Denken keineswegs unumstritten war; sie war zu seiner Zeit eine Minderheitsmeinung. Die große Mehrzahl der philosophierenden Vorfahren und Zeitgenossen hielt wie selbstverständlich das, was man mit Denken als Erkennen in Zusammenhang bringen konnte, letztlich für ein sinnliches Bemerken oder Gewahren von etwas, so wie es das griechische Wort ›noeîn‹ nahelegt.

Das Liniengleichnis zeigt im übrigen, daß ›Denken‹ selbst kein einheitlicher Begriff ist, denn bei der *nóesis* sind ja *epistéme* und *diánoia* zu unterscheiden. Dem liegt eine grundlegendere Unterscheidung zugrunde: die zwischen dem *noetischen* und dem *dianoetischen* Denken. (Vgl. Oehler) Noetisch ist das Denken als Betätigung des *noûs*, den Platon das »Gesicht *(ópsis)* der Seele« nennt (vgl. Resp 519b) und für den Aristoteles die *intuitive* geistige Einsicht reserviert; dianoetisch hingegen ist das Durch-denken, das *diskursive*, die einzelnen Bestimmungen durchlaufende Denken, wie es Platon zufolge für die Geometrie kennzeichnend ist. Auch die Dialektik als die Denkform der *epistéme* versteht er als diskursiv, doch wie Platon im VII. Brief schreibt, ist dies nur die Vorbereitung für die Erkenntnis der Ideen, die selbst nur noetisch oder intuitiv möglich sei. Damit erscheint die *nóesis* des *noûs* als eine höhere Form der Wahrnehmung. Aristoteles hingegen schränkt das Noetische auf einen ganz engen Bereich ein – auf das Erfassen der Prinzipien, von denen alles diskursive Begründen und Beweisen der Wissenschaft abhängt, die allerdings nicht selbst beweisbar sind, weil dies wieder Prinzipien erforderte, und so fort ins Unendliche. (Vgl. NE 1140b 31 ff.) Gemeint ist vor allem der Satz vom zu vermeidenden Widerspruch, den man schon befolgen muß, wenn man ihn beweisen will. (Vgl. Met 1005b 18 ff.)

Der Unterschied zwischen dem noetischen und dem dianoetischen Denken wurde in der lateinischen Terminologie, die wesentlich von Cicero geprägt wurde, als der zwischen *intellectus* und *ratio* wiedergegeben; ›intelligere‹ bedeutet etwas Wahrnehmen, Bemerken, Einsehen, entspricht also sehr genau dem griechischen *noeîn*, während ›ratio‹ zum Verb ›reor, ratus sum‹ gehört, das zwar auch Denken bedeutet, aber im Sinne des berechnenden und somit dianoetischen Denkens. Nach einer rätselhaften Umkehrung dieser Zuordnung im späten Mittelalter, die bei Nicolaus Cusanus bereits abgeschlossen ist, erscheint das Vermögen des noetischen Denkens als *ratio* und das des dianoetischen Denkens als *intellectus*. In der deutschen Philosophensprache seit Meister Eckhart bedeutet ›ratio‹ ›Vernunft‹ und ›intellectus‹ ›Verstand‹.

Obwohl der Philosophie der Neuzeit der Unterschied zwischen dem noetischen und dem dianoetischen Denken vertraut blieb und sie das Dianoetische deutlicher als Antike und Mittelalter als ein operatives Vermögen des Bewußtseins faßte, neigte sie doch dazu, den Begriff des Denkens so weit zu fassen, daß er mit dem noetischen Vermögen des Bewußtseins, repräsentierende Vorstellungen zu haben, einfach zusammenfiel. Unter ›*cogitare*‹, das wir mit ›Denken‹ übersetzen, versteht Descartes jede Form des Bewußtseins, in der es *ideae* vor sich hat, und dies bezeichnet er französisch als ›*pensée*‹ (Denken). In derselben Weise faßt er die *cogitationes*, unter die sämtliche Bewußtseinsinhalte fallen, als ›*pensées*‹ – also als Gedanken (Med 145). Auch John Locke folgt dieser Redeweise und faßt ›*to think*‹ schlicht als das Haben von *ideas* (vgl. Locke I, 107), wobei es wie bei Descartes nicht nur Vorstellungen von den wahrgenommenen Dingen *(ideas of sensation)*, sondern auch von den Operationen des Bewußtseins selbst gibt *(ideas of reflection)* – nur keine Vorstellungen a priori. Auch Leibniz faßt die *repraesentatio mundi*, die eine wichtige Kraft der Monaden ausmacht, wesentlich noetisch, d. h. als ein nichtsinnliches Wahrnehmungsvermögen, wie die Metapher »Spiegel des Universums« zeigt. (Vgl. Leibniz, § 56) Kant hingegen betont erneut die Unterscheidung zwischen dem Noetischen und Dianoetischen, aber verteilt beides eindeutig an Wahrnehmen und Denken. Ihm zufolge schaut der Verstand *(intellectus)* nicht an; es gibt keine intellektuelle Anschauung, und damit entfällt der Begriff des noetischen Denkens selbst. Umgekehrt denkt die Anschauung nicht; somit ist es irreführend, das Wahrnehmen als Fall von ›*cogitatio/pensée*‹ oder ›*to think*‹ aufzufassen. Kant wirft Locke und Leibniz denselben, nur umgekehrten Fehler vor: »Leibniz *intellektuierte* die Erscheinungen, so wie Locke die Verstandesbegriffe [...] insgesamt *sensifiziert*, d. i. für nichts, als empirische, oder abgesonderte Reflexionsbegriffe ausgegeben hatte.« (B 327) Erscheinungen sind Gegenstände der Sinnlichkeit, die Leibniz als Gedankendinge verkennt, während Locke alle Begriffe auf die sinnlich gegebenen Vorstellungen zurückführen möchte.

Kants Restriktion des Denkens aufs Dianoetische ist nicht

unwidersprochen geblieben. Die romantischen Platoniker unter den Philosophen seiner Zeit, die die »höhere« Einsicht des Geistes wieder in ihre alten Rechte einsetzen wollten, attackierte Kant in seiner späten Streitschrift *Von einem neuerdings erhobenen vornehmen Ton in der Philosophie* (1796). Er nahm hier einen elitären Irrationalismus wahr, der die wahre philosophische Erkenntnis nur besonderen genialen Seelen zuschrieb, die zufällig über die »höhere« noetische Vernunft verfügen; dagegen protestierte Kant im Zeichen der allgemeinen Menschenvernunft und der »Arbeit« des Denkens. Schopenhauer versuchte dann ohne Erfolg, die alte Zuordnung des Noetischen zum *intellectus* und des Dianoetischen zur *ratio* wiederherzustellen (vgl. z.B. WWV I, 530 ff.), vertrat aber dabei genau die von Kant verworfene Ansicht, daß der noetische Intellekt das höhere, im Unterschied zur *ratio* nicht lehrbare Denkvermögen sei, wodurch die wahre Philosophie wieder als Sache des Genies erschien. (Vgl. WWV I, 238 ff.) Bis in unsere Gegenwart haben Philosophen – vor allem im Umkreis der Phänomenologie Husserls – immer wieder versucht, die Idee des anschauenden Denkens wiederzubeleben.

Kants eindeutige Trennung des Denkens von der Anschauung stabilisierte zudem eine weitere Differenz, die seit der Antike nie besonders deutlich war: die zwischen Denken und *Erkennen*. Wenn Denken ohne Anschauung leer ist und Anschauung ohne Begriffe blind (vgl. B 75), sind weder Anschauung noch Denken, je für sich genommen, zureichende Bedingungen für Erkenntnis: »Nur daraus, daß sie sich vereinigen, kann Erkenntnis entspringen.« (B 75 f.) Selbst wenn es intellektuelle Anschauung gäbe, wäre sie wie die sinnliche Anschauung noch keine Erkenntnis, und dasselbe gilt für die rationalistische Auffassung, der zufolge bloßes Nachdenken genügt. Über die Differenz zwischen Denken und Erkennen sagt Kant an anderer Stelle: »Sich einen Gegenstand *denken*, und einen Gegenstand *erkennen*, ist also nicht einerlei. Zum Erkenntnisse gehören nämlich zwei Stücke: erstlich der Begriff, dadurch überhaupt ein Gegenstand gedacht wird (die Kategorie), und zweitens die Anschauung, dadurch er gegeben wird; denn, könnte dem Begriffe eine korrespondierende Anschauung gar nicht gegeben werden, so wäre er ein Gedanke der Form nach, ohne allen Gegenstand, und durch ihn gar keine Erkenntnis von irgend einem Dinge möglich; weil es, so viel ich wüßte, nichts gäbe, noch geben könnte, worauf mein Gedanke angewandt werden könne.« (B 146) Der bloße Gedanke ist nach Kant nur ein Gedanke »der Form nach« oder der Gedanke von einem Gegenstand, aber ohne Gegenstand, der erst durch die Anschauung »gegeben« wird. Daraus folgt, daß man mit den Mitteln der Logik, die nach Kant die gültigen Formen und Gesetze des Denkens darstellt, allein niemals feststellen kann, ob es sich bei einem Gedanken um Erkenntnis handelt oder nicht: »[...] *denken* kann ich, was ich will, wenn ich mir nur nicht selbst widerspreche.« (B XXVI) Der Widerspruchssatz und die logischen Gesetze des Urteilens und Schließens sind nach Kant nur negative Bedingungen der Wahrheit: »Denn, was diesen widerspricht, ist falsch, weil der Verstand dabei seinen allgemeinen Regeln des Denkens, mithin sich selbst widerstreitet. Diese Kriterien aber betreffen nur die Form der Wahrheit, d.i. des Denkens überhaupt, und sind so fern ganz richtig, aber nicht hinreichend. Denn obgleich eine Erkenntnis der logischen Form völlig gemäß sein möchte, d.i. sich selbst nicht widerspräche, so kann sie doch noch immer dem Gegenstande widersprechen.« (B 84) Das logisch korrekte Denken ist somit eine notwendige, aber noch keine hinreichende Bedingung des Erkennens, letztere wird erst durch die Anschauung erfüllt.

Kants eindeutige Unterscheidung zwischen Denken und Erkennen muß man als philosophische Reaktion auf den sich in seiner Zeit anbahnenden Übergang von der System- zur Forschungswissenschaft interpretieren, ausgelöst durch das immer größere Gewicht der erfahrungswissenschaftlichen Anteile der Erkenntnis. Wenn Kant Metaphysik ins Auge faßt, »die als Wissenschaft wird auftreten können« (vgl. den Titel der Prol), dann kann auch aus diesem Grund die wissenschaftliche Erkenntnis nicht aus bloßem Denken bestehen. Und so lautet Kants Lösung: Synthetische Urteile a priori – also metaphysische Urteile – sind nur möglich innerhalb der Grenzen möglicher Erfahrung. (Vgl. B 165 f.) Gegen die empiristische Reduktion der Erkenntnis auf die auf Anschauung reduzierte Erfahrung hingegen führt Kant den Aristotelischen Gedanken ins Feld, daß es im Bereich der Erfahrung als bloßer »Erkenntnis des Einzelnen« keine Wissenschaft geben könne. Kant besteht darauf, daß dort, wo es Wissenschaft geben soll, das Allgemeine in Form von Begriffen und Urteilen ins Spiel gebracht werden muß, und zwar als von der Erfahrung unabhängige Denkformen a priori, woraus sich das komplementäre Verhältnis von Denken und Anschauung ergibt, das er vertritt.

Im 19. Jahrhundert erfolgt eine weitere Ausdifferenzierung der epistemischen Termini, die einer weiteren wissenschaftsgeschichtlichen Veränderung folgt: der Entstehung der »Geisteswissenschaften«. Schnell wurde deutlich, daß der vor allem durch Kant stabilisierte Erkenntnisbegriff viel zu unspezifisch ist, um das Besondere der Methoden der Geschichts- und Textwissenschaften zu erfassen. Daß dort etwas anderes geschieht als in Mathematik und Naturwissenschaft, war allgemein klar, und dafür setzte sich bald der aus der Umgangssprache vertraute Ausdruck ›Verstehen‹ als epistemischer Grundbegriff durch. Bemerkenswert ist, daß der Verstehensbegriff bei Kant noch keine Sonderrolle spielt; er ordnet ihn einfach dem Verstand zu und definiert: »Etwas verstehen *(intelligere)*, d.h. durch den Verstand vermöge der Begriffe erkennen oder konzipieren.« (Logik, Einl. VIII) Etwas Verstehen ist hier dasselbe wie etwas auf den Begriff bringen, und dies ist nichts anderes als der Übergang von der Wahrnehmung zur Erfahrung: »Erfahrung ist eine verstandene Wahrnehmung. Wir verstehen sie aber, wenn wir sie unter Titel des Verstandes uns vorstellen.« (Refl 4679) Kant fühlte offenbar noch kein Bedürfnis, den entstehenden »Geisteswissenschaften« einen methodologischen Sonderstatus einzuräumen und mit neuen epistemischen Grundbegriffen zu operieren. Der Vorschlag des Schleiermacher-Schülers Boeckh, das spezifische Verfahren der klassischen Philologie als »Erkennen des Erkannten« (vgl. Boeckh, 10), also als ein reflektiertes Erkennen zu fassen, war wenig überzeugend und blieb Episode. Es war vor allem Schleiermacher, der das von Herder und der Romantik vertretene Konzept von Verstehen als sympathische Einfühlung mit der Tradition der theologischen, juristischen und historischen Hermeneutiken – d.h. der Kunstlehren der Textauslegung – zusammenführte und dem modernen Verstehenskonzept, das wesentlich Sinnverstehen meint, eine philosophische Grundlage verschaffte. (Vgl. Schleiermacher) Bei Droysen und Dilthey wird ›Verstehen‹ zur Basis der Wissenschaftstheorie der »Geisteswissenschaften« überhaupt, aber mit der Konsequenz, daß nun ein schärferer Gegenbegriff als der des Erkennens erforderlich wird; man fand ihn im ›*Erklären*‹. ›Verstehen vs. Erklären‹ – diese Opposition sollte bis weit ins 20. Jahrhundert die Differenz zwischen den »Geistes«- und Naturwissenschaften begründen.

Bemerkenswert ist, daß seit dem Ende des 19. Jahrhunderts ein dritter Terminus hinzutritt: der des ›*Beschreibens*‹. Vom Erklären wird er vor allem von den Theoretikern der Naturwissenschaften abgegrenzt, die wie Ernst Mach, Ludwig Kirchhoff oder Moritz Schlick die Auffassung vertreten, daß sich diese Wissenschaften damit begnügen müßten, die Naturerscheinungen möglichst klar und einfach zu beschreiben, da es nicht möglich sei, ihr Wesen oder ihre inneren Ursachen zu erfassen. Das Modell ›Ursache-Wirkung‹, das in der Regel dem Modell ›Erklären‹ zugrunde gelegt wird, galt schon seit dem 18. Jahrhundert unter konsequenten Empiristen als metaphysikverdächtig, denn wie sollte ein Ding oder ein Ereignis ohne magische Kräfte auf andere Dinge oder Ereignisse »einwirken«? Meinte man damit nicht in Wahrheit ein regelhaftes Verhalten, das man zwar nicht erklären, aber doch mit Hilfe mathematischer Modelle präzise darstellen, also beschreiben kann? Diese phänomenologische Physikauffassung galt zu Beginn des 20. Jahrhunderts als die modernste, und sie wurde bei Edmund Husserl zum methodischen Vorbild seiner Konzeption von Philosophie als »strenger Wissenschaft«, die er »Phänomenologie« nannte. Auch Ludwig Wittgenstein war vom modernen Beschreibungskonzept überzeugt und legte in seinem Spätwerk ganz ähnlich wie Husserl die Philosophie aufs konsequente Beschreiben fest – nun jedoch bezogen auf unsere sprachliche Praxis und nicht mehr auf Bewußtseinstatsachen: »Die Philosophie darf den tatsächlichen Gebrauch der Sprache in keiner Weise antasten, sie kann ihn am Ende also nur beschreiben [...]. Die Philosophie stellt eben alles bloß hin, und erklärt und folgert nichts. – Da alles offen daliegt, ist auch nichts zu erklären. Denn, was etwa verborgen ist, interessiert uns nicht.« (PU §§ 124 und 126) Die Abgrenzung des Beschreibens vom Verstehen gelang freilich in der Philosophie niemals so eindeutig wie die des Beschreibens vom Erklären. Die phänomenologischen Naturwissenschaftler, die man auch mit dem unfreundlichen Sammelnamen ›Positivisten‹ belegte, waren davon ausgegangen, daß es im Reich der Naturphänomene nichts zu verstehen gibt, wenn damit ›Sinnverstehen‹ gemeint sein soll. Husserl und Wittgenstein hingegen betrieben Phänomenologie gerade, um zu verstehen, d.h. um die Fragen von Sinn und Bedeutung unseres Denkens und Sprechens beantworten zu können. Erstaunlich ist die Tatsache, daß in beiden phänomenologischen Konzeptionen der Beschreibungsbegriff selbst bis heute sehr unklar und vieldeutig geblieben ist.

Kants Klärung der Differenz zwischen Denken und Erkennen drängte in der Erkenntnistheorie den Begriff des Denkens in den Hintergrund. Nach der antipsychologischen Wende in der Philosophie der Logik (Frege, Husserl, Russell, Whitehead u.a.), der zufolge die Logik nicht länger als die Lehre von den Gesetzen des Denkens, sondern von denen des Wahrseins von Sätzen verstanden wird, hatte man sogar hier für ›Denken‹ als epistemischen Grundbegriff keine rechte Verwendung mehr, und so wanderte er in die Psychologie ab. Ein ähnliches Schicksal ereilte den Begriff der Erkenntnis. Seine erkenntnistheoretische Erbschaft teilten sich in der Moderne die drei streitenden Verwandten ›Erklären‹, ›Verstehen‹ und ›Beschreiben‹, und es ist unübersehbar, daß im Zuge der Technologisierung und Industrialisierung der Wissenschaft im 20. Jahrhundert weitere Vettern und Basen hinzukamen. In der Debatte über die methodologisch definierte Einheitswissenschaft seit den fünfziger Jahren versuchten Wissenschaftstheoretiker freilich noch einmal, alle wirklich relevanten Erkenntnisverfahren als Spezialfälle der deduktiv-nomologischen Erklärung nach dem »Hempel-Oppenheim-Schema« darzustellen – die Erklärung eines Explanandums E ist demnach eine logische Ableitung von ›E‹ aus einer Reihe von Anfangsbedingungen ›$A_1, A_2 ... A_n$‹ und einschlägigen Gesetzesaussagen ›$L_1, L_2 ... L_n$‹ (vgl. Stegmüller I, 72 ff.) –, aber das blieb nicht das letzte Wort. Erneut setzte sich der Pluralismus durch, und damit der ältere Trend, dem zufolge durch den Prozeß der Pluralisierung der Erkenntnisbegriff selbst immer mehr *veraltet*. Ermessen mag man das, wenn man sich vorstellt, was passierte, wenn jemand in ein großes Physiklabor käme und er auf die Frage, was er dort suchte, antwortete: »Erkenntnis!« Man schaute ihn bestimmt ganz verwundert an. Vielleicht sind es bald nur noch die Philosophen, die in ihren Seminaren und auf Kongressen von ›Erkenntnis‹ reden und diesen Singular für ein Problem halten. Was aber sicher *nicht* veralten wird, ist die Vielfalt der Formen des Wissens, und sie zu untersuchen ist und bleibt ein philosophisches Projekt auch dann, wenn es einmal nicht mehr ›Erkenntnistheorie‹ genannt werden sollte.

3. Geltung

Wissen ist wahre, gerechtfertigte Überzeugung; das meinen wir, wenn wir von Wissen sprechen. Unter den bisher betrachteten Wissensformen kamen Wahrheit oder Rechtfertigung nicht vor, obwohl diese Begriffe auf die Aspekte des Wissens verweisen, die die Philosophierenden seit den Anfängen dazu brachten, grundsätzlich über das Wissen nachzudenken. Die Verwendung der Prädikate ›wahr‹ und ›gerechtfertigt‹ erfolgt in der Tat auf einer anderen Ebene als der der explikativen Vergewisserung der jeweiligen Wissensformen; sie geschieht gewissermaßen quer zu ihr. Wenn wir behaupten, daß das, was wir mit ›Wissen‹ meinen, bei unseren Wissensformen auch erfüllt sei, nämlich wahr und gerechtfertigt zu sein, wird der Wissensbegriff zu einem Wissens*anspruch*. Wissensansprüche sind freilich immer bestreitbar; was wir als unser Wahrnehmungs-, Imaginations-, Erfahrungs- oder wissenschaftliches Wissen für wahr und gerechtfertigt halten, könnte sich als falsch und als ungerechtfertigt erweisen. Wo wir zu erörtern beginnen, was nun tatsächlich der Fall ist, geht es nicht mehr um das weitere Sammeln von Urteilen, sondern um die *Beurteilung* unserer Erkenntnisurteile. Das Beurteilen macht das, was wir zu wissen glauben, zum Gegenstand und konfrontiert es mit den Maßstäben, die wir an vorgebliches Wissen anzulegen bereit sind. Wenn wir damit beginnen, sind wir in den *normativen* Diskurs der Erkenntnistheorie übergewechselt. Jetzt geht es nicht mehr um den Gehalt und die Struktur des Wissens, statt dessen um die Geltung, die wir mit dem

Gewußten beanspruchen, wenn wir es als Wissen, und nicht als bloße Meinung oder Vermutung, zu vertreten bereit sind.

›Wahrheit‹ und ›Rechtfertigung‹ als die leitenden Begriffe des normativen Diskurses bedürfen ihrerseits der grammatischen Aufklärung; nur dann können wir uns in Geltungsfragen einigen. Auf diesen Aspekt der normativen Erkenntnisprobleme wollen wir uns in dieser Einführung beschränken. Zuvor jedoch einiges zum Begriff der Skepsis, denn sie ist es, die zum Eintritt in den normativen Diskurs nötigt.

Skepsis

Das griechische Wort ›sképtomai‹ bedeutet ›ich blicke prüfend umher‹, so daß ›Zweifel‹ als Übersetzung von *sképsis* die Bedeutung zu sehr einengt. Skepsis ist zunächst eine Haltung der Vorsicht, die darin besteht, nichts als gültig anzunehmen, bevor man es geprüft hat, und prüfen kann man es nur anhand der Kriterien, die man für gültig hält. Zu diesen Kriterien wird man sich in bestimmten Situationen selbst wieder skeptisch verhalten müssen, denn auch ihre Geltung kann fraglich werden und umstritten sein. So erweist sich die Skepsis, sobald sie erst einmal als Haltung eingenommen wurde, als schwer begrenzbar.

Die Motive, skeptisch zu werden, können sehr verschieden sein. Die Bibel schreibt sie der Verführung durch die Schlange im Paradies zu: »Ja, sollte Gott gesagt haben: Ihr sollt nicht essen von allerlei Bäumen im Garten?« (Gen 3, 1) Skepsis als philosophische Haltung ist wohl als Reaktion auf den Verlust kultureller Selbstverständlichkeiten in die Welt gekommen. Dies war der Grund, warum Sokrates nicht mehr blind der Tradition vertrauen wollte, sondern stets dem *lógos*, der ihm als der beste erschien (vgl. Krit 46b), wofür er letztlich mit dem Leben bezahlte. Die antike Skepsis, die wir in den beiden Gestalten der akademischen und der pyrrhonischen Tradition kennen (vgl. Hossenfelder), hat sich immer auf Sokrates berufen, aber sie rechnete nicht mehr damit, einen solchen besten *lógos* zu finden. Den Verzicht auf das Dogmatisieren, auf das Aufstellen letzter und fixer Meinungen, und das Sichbegnügen mit lebensdienlichen Wahrscheinlichkeiten bildete sie zu einer praktischen Lebenskunst aus, die aus dem ewigen Hin und Her der Überzeugungen heraus endlich zur Seelenruhe *(ataraxía)* und damit zur Glückseligkeit führen sollte.

Ganz anders die Motive des cartesianischen Zweifels. Descartes machte sich im Widerstand gegen die Autorität der Tradition auf die Suche nach ersten Wahrheiten, die für ihn gewiß und unbezweifelbar sein sollten. Er versuchte deswegen, die Skepsis mit ihren eigenen Waffen zu schlagen, indem er das Unbezweifelbare ermitteln wollte, das auch der Skeptiker in Anspruch nehmen muß, um überhaupt zweifeln zu können. Im ›Ich bin, ich existiere‹ und im ›Ich bin ein denkendes Ding‹ glaubte er es gefunden zu haben. (Vgl. Med. I-II) Hier verwandelt sich die Skepsis aus einer Lebenskunst in ein methodisches Verfahren der Begründung von zweifelsfreiem Wissen, auf dem dann das System der Wissenschaft errichtet werden konnte. Verstehen wir unter ›Skepsis‹ Haltung und Methode und unter ›Skeptizismus‹ die Position, die sich mit der Unmöglichkeit von Wissen im Sinne wahrer, gerechtfertigter Überzeugung abgefunden hat, so kann man den cartesianischen Zweifel als Verfahren der Selbstwiderlegung des Skeptizismus auffassen. Diese Konstellation bleibt auch für Kant verbindlich. Auf der einen Seite wandte er sich gegen den Dogmatismus der rationalistischen Metaphysik, die glaubte, aus »reiner« Vernunft neue Erkenntnisse schöpfen zu können; dem stand der Skeptizismus David Humes gegenüber, der in bezug auf die Möglichkeit von Wissenschaft überhaupt resigniert zu haben schien. Gegen beide Fronten war Kants skeptische Methode gerichtet:

»Es gibt einen Grundsatz des Zweifelns, der in der Maxime besteht, Erkenntnisse in der Absicht zu behandeln, daß man sie ungewiß macht und die Unmöglichkeit zeigt, zur Gewißheit zu gelangen. Diese Methode des Philosophierens ist die *skeptische* Denkart oder der *Skeptizismus*. Sie ist der dogmatischen Denkart oder dem *Dogmatismus* entgegengesetzt, der ein blindes Vertrauen ist auf das Vermögen der Vernunft, ohne Kritik sich a priori durch bloße Begriffe zu erweitern, bloß um des scheinbaren Gelingens derselben [...]. So schädlich nun aber auch dieser Skeptizism ist: so nützlich und zweckmäßig ist doch die *skeptische* Methode, wofern man darunter nichts weiter als nur die Art versteht, etwas als ungewiß zu behandeln und auf die höchste Ungewißheit zu bringen, in der Hoffnung, der Wahrheit auf diesem Wege auf die Spur zu kommen.« (Logik A 130 f.)

Auch Hegel greift dieses Motiv auf, wenn er in der *Phänomenologie des Geistes* den dialektischen Prozeß der Erfahrung des Bewußtseins, der von der »sinnlichen Gewißheit« bis zum »absoluten Wissen« führt, als »sich vollbringenden Skeptizismus« (TWA 3, 72) bestimmt.

Für Kant sind Dogmatismus und Skeptizismus »der Tod einer gesunden Philosophie« (B 434; vgl. auch Prol A 38), deren Weg zwischen beiden Extremen hindurchführen muß, und das ist der »kritische Weg«, der »allein noch offen« (B 884) ist. Damit die Skepsis nicht im Skeptizismus endet, muß sie begrenzt werden, und dies ist nur möglich, wenn es gelingt, den totalen Skeptizismus als eine sich selbst zerstörende Position zu erweisen. Schon in der Antike wurde den Skeptikern entgegengehalten, sie behaupteten auf der einen Seite, daß wir nichts wissen könnten, und glaubten aber zugleich zu wissen, daß wir nichts wissen können, und so widersprächen sie sich selbst. Den Anhängern der pyrrhonischen Skepsis vermochte das nicht zu imponieren, denn sie bestanden darauf, selbst nichts zu behaupten, also auch nicht ein Prinzip des Nichtwissens. Sie wollten sich damit begnügen, alle Wissensansprüche zurückzuweisen, ohne etwas zu behaupten. In der Tat ist es schwierig, dem Skeptizismus, wenn er sich nicht als philosophische Position vorträgt, sondern sich als »skeptische Denkart« versteht, einen einfachen Selbstwiderspruch nachzuweisen. Gleichwohl behauptet Kant: »Der absolute Skeptizismus gibt alles für Schein aus. Er unterscheidet also Schein von Wahrheit und muß mithin doch ein Merkmal des Unterschiedes haben; folglich ein Erkenntnis der Wahrheit voraussetzen, wodurch er sich selbst widerspricht.« (Logik A 131) Überzeugend ist das nicht, weil man sehr wohl ein »Merkmal« oder ein Kriterium des Unterschiedes zwischen Schein und Wahrheit haben kann, ohne eine Erkenntnis der Wahrheit vorauszusetzen. Ein Wahrheitskriterium ist nicht selbst ein Gegenstand von Erkenntnis, und deswegen ist es kein Selbstwiderspruch, zu bezweifeln, daß ein solches Kriterium faktisch erfüllt sei.

Selbstwidersprüchlich hingegen wäre die Position, die ein Kriterium ins Feld führt, aber gleichzeitig prinzipiell bezweifelt, daß es erfüllbar ist. Prinzipiell unerfüllbar sind Kriterien dann, wenn sie selbst so konstruiert sind, daß sie von sich aus jede Erfüllung von vornherein ausschließen, und genau dies scheint Kant mit Bezug auf das Wahrheitskriterium auch zu meinen. In der Frage des Skeptizismus geht es um Wissen. Wissen ist wahre, gerechtfertigte Überzeugung. Wer daran zweifelt, daß es Wissen überhaupt gibt, d.h. daß es Überzeugungen geben kann, die wahr und gerechtfertigt sind, kann nicht angeben, was er als eine seinen Zweifel entkräftende Behauptung zu akzeptieren bereit wäre, denn eine solche Behauptung müßte ja genau mit dem Anspruch auf Wahrheit und Rechtfertigung auftreten, der grundsätzlich bezweifelt wurde. (Vgl. Stüber/Grundmann, 15 f.) An solchen Stellen stirbt das philosophische Gespräch einfach ab – in Kants Worten ein Fall von »Euthanasie« der Vernunft (B 434). Der totale Zweifel schließt durch sich selbst jede mögliche Begrenzung aus und ist deswegen sinnlos, auch wenn er zunächst durch seine Radikalität zu imponieren vermag; er ist von der Art der Fragen, auf die es angeblich prinzipiell keine Antwort geben kann und die wir deswegen dann auch nicht mehr stellen wollen.

Die partielle Skepsis hingegen ist durch Selbstwiderlegung nicht aus der Welt zu schaffen. Prominente Beispiele sind der Zweifel an der Realität und Erkennbarkeit der Außenwelt, den Kant einen »Skandal der Philosophie und der allgemeinen Menschenvernunft« (B XL) nannte, oder das berühmte Traumargument, dem zufolge alles, was wir für wirklich halten, bloß geträumt sein könnte. Vor allem in der neueren Diskussion ist sehr viel Scharfsinn aufgeboten worden, um mit solchen skeptischen Bedenken fertigzuwerden (vgl. Grundmann); diese Argumentationen gehören in den normativen Diskurs der Erkenntnistheorie, während für die Widerlegung der totalen Skepsis wohl Argumente des explikativen Diskurses ausreichen.

Dem Hinweis, daß Fragen sinnlos sind, die von sich aus jede denkbare Antwort ausschließen, kann man noch zwei weitere grammatische Einwände gegen die totale Skepsis hinzufügen. Wittgenstein weist in den *Philosophischen Untersuchungen* darauf hin, daß Zweifeln nicht dasselbe ist, wie sich einen Zweifel denken zu können. (Vgl. PU § 84) Natürlich kann man sich alle möglichen skeptischen Szenarien ausdenken – z.B. daß wir in Wahrheit Gehirne in einem Tank mit einer Nährlösung sind, angeschlossen an einen Computer, der uns so mit Informationen füttert, daß wir glauben, einen Körper zu haben und in einer realen Welt zu leben (vgl. Putnam) –, aber das bedeutet noch nicht, daß wir tatsächlich an unserem Körper und an der Wirklichkeit zweifeln. Wirklicher Zweifel ist immer begründeter Zweifel, sonst ist er »witzlos«. Ein totaler Zweifel kann niemals begründet sein, weil er ja auch die Gründe, deretwegen er alles bezweifelt, mitbezweifeln müßte und genau deswegen »witzlos« würde. »Alles ist bezweifelbar« ist somit ein doppelt unsinniger Satz: Zum einen behauptet er, daß in allen Fällen ein Zweifel denkbar sei, also auch im Fall von »Alles ist bezweifelbar« und der Gründe, die für diese Behauptung sprechen; damit wurde hier gar nichts behauptet, sondern nur ein leeres Gedankenspiel gespielt. Meint man hingegen mit »Alles ist bezweifelbar«, es sei faktisch möglich, gegen jede Behauptung einen begründeten Zweifel vorzubringen, dann wird hier viel zu viel behauptet, denn niemand kann dieses »Alles« übersehen – weder die Totalität möglicher Behauptungen noch die der Einwände, die mit Grund gegen sie vorgebracht werden können. Auch mit »Alles ist bezweifelbar« beendet man in Wahrheit jede vernünftige Diskussion.

Das andere grammatische Argument gegen die totale Skepsis stammt auch von Wittgenstein, der in seinem letzten Werk, *Über Gewißheit*, nachdrücklich auf die Differenz zwischen Wissen und Gewißheit aufmerksam macht. Descartes suchte mit den Mitteln des methodischen Zweifels nach Gewißheit der Wahrheit; im Rückblick sagt er: »Die erste Regel war, niemals etwas als wahr anzunehmen, was ich nicht klar als solches erkannte, [...] und nichts mehr in meine Urteile aufzunehmen, als was sich so klar und so distinkt meinem Geist darbieten würde, daß ich keine Veranlassung haben würde, es in Zweifel zu ziehen.« (Abh 15) Auch nach Kant geht die skeptische Methode »auf Gewißheit« (B 451; vgl. auch Logik A 131). Gewißheit ist aber nichts anderes als ein subjektiver Zustand, in dem man faktisch keine Veranlassung hat, das in Zweifel zu ziehen, dessen man gewiß ist; Wissen hingegen als wahre, gerechtfertigte Überzeugung ist nicht der subjektive Zustand des Überzeugtseins, sondern eine objektive Bestimmung dessen, wovon man überzeugt sein mag oder auch nicht. Daß Wissen und Gewißheit zusammenfallen, ist rein begrifflich nicht notwendig. Zum einen gab es immer wieder zahlreiche Gewißheiten, die sich später als Illusionen oder Irrtümer herausstellten, also die beiden Wissenskriterien nicht erfüllten; andererseits macht es durchaus Sinn, von *hypothetischem* Wissen zu sprechen, d.h. von Überzeugungen, von denen wir vermuten, daß sie wahr und gerechtfertigt seien, ohne uns hier schon im Zustand der Gewißheit zu befinden. Die Standarddefinition des Wissens sagt nur, was wir mit ›Wissen‹ *meinen*, und das, was wir damit im Unterschied zu ›Gewißheit‹ meinen, schließt nicht die Behauptung ein, daß wir in allen Fällen, wo wir von Wissen sprechen, schon sicher sein müßten, daß die Kriterien der Wahrheit und Rechtfertigung faktisch *erfüllt* seien. Hingegen macht es keinen Sinn, von Gewißheit zu reden und gleichzeitig mit möglicher Ungewißheit zu rechnen; dann liegt Gewißheit nicht vor.

Die Differenz zwischen Wissen und Gewißheit begründet auch die zwischen dem Dogmatismus und Skeptizismus auf der einen Seite und dem Fallibilismus, der prinzipiell mit der Fehlbarkeit unseres Wissens rechnet, auf der anderen; er wurde vor allem durch den Kritischen Rationalismus propagiert. (Vgl. Albert) Dogmatismus und Skeptizismus sind Positionen, die sich positiv und negativ an das Ideal der Gewißheit binden, und gegen beide richtete sich die Argumentation Kants, aber auch die der Kritischen Rationalisten. Dem Dogmatiker ist der subjektive Zustand des Einer-Sache-gewiß-Seins wichtiger als Wahrheit und Rechtfertigung als bestreitbare Ansprüche; der Skeptiker hingegen zieht in allen Dingen den subjektiven Zustand der Ungewißheit vor und zuckt, wenn er von Wahrheit und Rechtfertigung reden hört, bloß die Achseln. Von beidem grenzt sich der Fallibilist dadurch ab, daß er Wissen als wahre, gerechtfertigte Überzeugung ernst nimmt, danach sucht, aber in allen Fällen, in denen er glaubt, sein Ziel erreicht zu haben, damit rechnet, daß er sich geirrt haben könnte. Es macht also einen guten Sinn, nicht nur von hypothetischem, sondern auch von *fehlbarem* Wissen zu sprechen, wenn wir mit ›Wissen‹ einen Anspruch meinen: Was wir als wahre, gerechtfertigte Überzeugung gefunden zu haben glauben und zu vertreten bereit sind, könnte sich als irrig herausstellen; das ist der antidogmatische Aspekt. Doch das bedeutet nicht, daß wir jetzt schon davon auszugehen hätten, daß dieser Fall eingetreten sei, denn das wäre ebenfalls dogmatisch, und wir hätten dann nichts mehr in der Hand, was wir glauben und vertreten könnten; dies ist der antiskeptische Aspekt des Fallibilismus. Ihm zufolge ist Wissen niemals ganz gewiß, aber doch Wissen.

Wahrheit

Das Feld der Wahrheitstheorien ist so weitläufig, daß es einer eigenen Einführung bedürfte (vgl. Franzen; Künne 1985); darum sollen hier nur einige Hinweise zur Grammatik des Themas ›Wahrheit‹ folgen.

Das Wahrheitsproblem hat verschiedene Aspekte, die man der Unterscheidung zwischen den verschiedenen Diskursarten zuordnen kann. Im explikativen Diskurs geht es darum zu klären, was wir meinen, wenn wir etwas wahr nennen: Wovon behaupten wir es, und was behaupten wir dann von ihm? Hier bemühen wir uns also um einen tragfähigen Wahrheits*begriff*. Im normativen Diskurs geht es darum zu ermitteln, anhand welchen Merkmals wir feststellen können, ob etwas wahr ist oder nicht; da interessiert uns die Frage des Wahrheits*kriteriums*. Schließlich geht es um die Klärung der Umstände, die erfüllt sein müssen, damit Wahrheitsbegriff und -kriterium auch faktisch angewandt werden können; diese deskriptive Untersuchung möchte ich Wahrheits*theorie* im engeren Sinne nennen, obwohl auch die explikativen und normativen Erörterungen häufig als Wahrheitstheorien erscheinen. (Um Verwechslungen zu vermeiden, empfiehlt es sich, bei der Verteidigung verschiedener Wahrheitsbegriffe von »Wahrheitsauffassungen« (Künne 1985, 122) zu sprechen.)

Im Umfeld des Wissens interessiert Wahrheit nur als Merkmal von *Überzeugungen*, nicht von Gegenständen oder Ereignissen; ein wahrer Freund oder ein wahres Vergnügen sind hier keine Kandidaten für das Prädikat ›... ist wahr‹. Überzeugungen artikulieren wir in propositionaler Form, d.h. in prädikativen Behauptungssätzen oder konstativen (feststellenden) Äußerungen, wobei es weder sinnvoll ist, den Satz als Satzzeichen noch die Äußerung als raum-zeitliches Ereignis wahr zu nennen; wahr kann nur das Ausgesagte oder der propositionale Gehalt sein. In diesem Sinne kann man ›... ist wahr‹ ein Metaprädikat nennen, also ein Prädikat, das auf Prädikationen angewandt wird. So ist der Standardfall einer epistemisch relevanten Verwendung des Wahrheitsprädikats die Äußerung:

›p‹ *ist wahr (für* ›p‹ *als die Bezeichnung des geäußerten Sachverhaltes p).*

Die Besonderheit dieses Prädikats besteht in erkenntnistheoretischen Zusammenhängen also darin, daß es nicht von Gegenständen oder Ereignissen, sondern von *Äußerungen* über Gegenstände und Ereignisse ausgesagt wird. Damit entfällt hier die insbesondere von Heidegger favorisierte und für grundlegend gehaltene Seinswahrheit als »Unverborgenheit« (griech. *alétheia* zu *lanthánein* – verborgen sein) oder »Entdeckend-sein« (vgl.

SuZ 33 und 218 ff.), denn dabei wird von Gegenständen oder einem Sachverhalt p das Wahrsein ausgesagt. Im übrigen muß jede Erkenntnis- oder Wahrheitstheorie die Möglichkeit des Irrtums erklären können, und das ist bei der Konzeption der Seinswahrheit nicht der Fall. Ihr Gegenteil ist die Verborgenheit, Verschlossenheit, Abwesenheit – also der Fall, in dem gar keine Aussage möglich ist, weil es nichts gibt, worüber man etwas behaupten könnte, und deswegen kann man hier auch nichts Falsches sagen.

Es sind immer wieder verschiedene Deutungen des Wahrheitsprädikats vorgeschlagen worden, die bis heute Vertreter finden; man kann sie zunächst einteilen in *epistemische* und *nichtepistemische* Wahrheitsauffassungen. Die epistemischen Wahrheitsauffassungen versuchen, die Verwendung des Wahrheitsprädikats von bestimmten Modi des Für-wahr-Haltens her zu erklären. Descartes' erste Regel enthält einen solchen epistemischen Wahrheitsbegriff, weil sie das Wahrsein gleichsetzt mit einem Als-klar-und-deutlich-Erkennen im Sinne unbezweifelbarer Präsenz; damit begründete er die Tradition der *Evidenz*theorien der Wahrheit, die bis zu Husserl reicht. – Eine andere epistemische Wahrheitsauffassung versteht Wahrheit als Begründbarkeit, aber nicht im faktischen Sinne dessen, was uns hier und jetzt als Begründung möglich ist, sondern als Begründbarkeit unter idealen Bedingungen; dieser Gedanke stammt von Peirce und wurde als *Konsens*- oder *Diskurs*modell der Wahrheit bei Habermas und Apel (vgl. Habermas 1972; Apel 1987) weiter ausgearbeitet. – Auch die *pragmatistische* Wahrheitsauffassung, die aus Abwandlungen des Peirceschen Modells durch William James hervorging und die Wahrheit wesentlich mit Nützlichkeit und Fruchtbarkeit unseres Wissens in Zusammenhang bringt, ohne sie (wie unfaire Kritiker immer wieder behaupteten) darauf zu reduzieren, gehört hierhin. – Eine weitere epistemische Wahrheitsauffassung folgt dem *Kohärenz*modell, dem zufolge die Wahrheit einer Aussage in ihrer Verträglichkeit mit anderen Aussagen in einem systematischen Zusammenhang besteht. Da diese Verträglichkeit jedoch nicht bloße Meinungssache sein kann, sondern durchaus ein objektiv konstatierbarer Sachverhalt ist, kann man diese Wahrheitsauffassung mit gewissen Einschränkungen auch als nichtepistemisch verstehen.

Die Vertreter der nichtepistemischen Wahrheitsauffassungen weigern sich, irgendeinen Zusammenhang zwischen der Wahrheit und dem Fürwahrhalten anzuerkennen; Frege sagt dazu: »Wahrheit ist etwas anderes als Fürwahrgehaltenwerden [...]. Es ist kein Widerspruch, daß etwas wahr ist, was von Allen für falsch gehalten wird [...]. Das Wahrsein [ist] unabhängig davon, daß es von irgendeinem anerkannt wird.« (Frege, zit. nach: Künne 1985, 123) Auch hier gibt es verschiedene Varianten. Die radikalste ist das *Redundanz*modell der Wahrheit (vgl. Ramsey), also die Wahrheitsauffassung, die das Wahrheitsprädikat deswegen für redundant oder überflüssig hält, weil mit »›p‹ ist wahr« gar nichts anderes ausgesagt werde als ›p‹ selbst – obwohl das offensichtlich nicht stimmt, denn ›... ist wahr‹ ist ein nichttriviales Metaprädikat. Gleichwohl fasziniert Ramseys Idee auch heute noch, und zwar die Vertreter einer »deflationistischen« Wahrheitstheorie. – Die klassische Form der nichtepistemischen Wahrheitsauffassung ist das *Korrespondenz*modell, nach dem Wahrheit in der Übereinstimmung von Bewußtsein und Gegenstand (*adaequatio intellectus et rei*, meist als *adaequatio rei et intellectus* zitiert) besteht; in der sprachanalytischen Form spricht man hier von der Übereinstimmung von Satz und Tatsache. In beiden Fällen ist ›Übereinstimmung‹ als Kennzeichnung eines objektiven, von unseren Auffassungen unabhängigen Sachverhaltes gemeint. Es ist sehr schwierig zu erklären, was mit ›*adaequatio*‹ oder ›Übereinstimmung‹ gemeint sein könnte, denn worin könnten Bewußtsein und Gegenstand oder auch Satz und Tatsache übereinstimmen, wo sie doch jeweils ganz verschiedenen Seinssphären angehören? Die linguistische Version hat zumindest den Vorteil, daß sie der Propositionalitätsthese Rechnung trägt, denn in der Tat sind wir niemals einfach von einem Gegenstand überzeugt, sondern von einem einen Gegenstand betreffenden Sachverhalt. Der Begriff ›Korrespondenz‹ wirft freilich selbst einige nur schwer lösbare Probleme auf.

Dies kann dazu motivieren, einer nichtepistemischen Wahrheitsauffassung den Vorzug zu geben, in der von Übereinstimmung oder Korrespondenz und ähnlichen Relationsausdrücken nicht die Rede ist. Ein Vorbild dafür finden wir bei Aristoteles, der definiert: »Zu sagen, daß das Seiende nicht ist oder daß das Nichtseiende ist, ist falsch; [zu sagen] daß das Seiende ist oder das Nichtseiende nicht ist, ist wahr.« (Met 1011b 25ff.) Von einer Relation zwischen Satz und Tatsache ist hier nicht die Rede, vielmehr ist das Wahrsein eine Eigenschaft des Satzes. Alfred Tarski hat in seiner berühmten semantischen (d.h. bedeutungstheoretischen) Definition des Wahrheitsbegriffs für natürliche Sprachen daran angeknüpft (vgl. Tarski) und als Adäquatheitsbedingung für jede Wahrheitsdefinition die folgende Konvention gefordert:

›p‹ *ist wahr genau dann, wenn p.*

Das Standardbeispiel für dieses *semantische* Wahrheitsmodell lautet: »Die Aussage ›Schnee ist weiß‹ ist wahr genau dann, wenn Schnee weiß ist«; irgendeine Beziehung zwischen der Behauptung und dem Schnee ist nicht im Spiel.

Wenn es möglich ist, dem Wahrheitsprädikat einen so klaren und einfachen Sinn zu geben, warum hat man sich dann überhaupt mit den komplizierteren nichtepistemischen und epistemischen Wahrheitsauffassungen abgegeben? (Zum Folgenden vgl. Apel 1987) Weil man sich nicht bloß aus bedeutungstheoretischen Gründen, sondern in erkenntnistheoretischer Perspektive – und zwar im Kontext des normativen Diskurses der Erkenntnistheorie – für das Wahrheitsproblem interessierte; hier geht es um ein Wahrheits*kriterium*, mit dem man ermitteln kann, ob das, was wir mit »›p‹ ist wahr« meinen, auch wirklich der Fall ist oder nicht. Das Redundanzmodell läßt uns hier gänzlich im Stich, denn wer behauptet, das Wahrheitsprädikat sei überflüssig, wird sich weigern, in den normativen Diskurs, den wir im Lichte des Wahrheitsproblems führen wollen, überhaupt einzutreten. Das semantische Modell und das Korrespondenzmodell bringen uns ebenfalls nicht weiter, denn beide Angebote sagen nur, was der Fall wäre, wenn ›p‹ wahr wäre, aber sie helfen uns nicht weiter, wenn wir fragen, wie wir denn feststellen könnten, ob ›p‹ wahr ist oder nicht. Dazu sagt Kant: »Die Namenerklärung der Wahrheit, daß sie nämlich die Übereinstimmung der Erkenntnis mit ihrem Gegenstande sei, wird hier geschenkt und vorausgesetzt; man verlangt aber zu wissen, welches das allgemeine und sichere Kriterium einer jeden Erkenntnis sei.« (B 82) Die »Namenerklärung« taugt deswegen nicht zum Kriterium, weil sie nach Kant in eine »elende Diallele« (B 82) führt, die in ihrer Grundstruktur schon den antiken Skeptikern bekannt war. Um nämlich feststellen zu können, ob Bewußtsein und Gegenstand übereinstimmen, müßte man sich außerhalb der Beziehung zwischen beiden aufstellen können, um nachzusehen, ob beide übereinstimmen; aber wir können nicht aus unserem Bewußtsein heraus, so daß sich dasselbe Problem bei jedem neuen Versuch einer solchen Feststellung wiederholt. Das gleiche gilt für das Verhältnis von Satz und Tatsache; darüber können wir nur immer wieder in Sätzen etwas ausmachen, so daß bei jedem Satz über die Relation ›Satz-Tatsache‹ das Problem wiederkehrt.

So versprechen die epistemischen Wahrheitsmodelle Abhilfe. Descartes ist bereit, von Wahrheit dann zu sprechen, wenn sich in ihm durch unbezweifelbare Evidenz Gewißheit einstellt, aber der Nachteil dieser zunächst einleuchtenden Auffassung ist, daß Gewißheit ein subjektiver und nicht intersubjektiv übertragbarer Zustand ist, während wir mit ›Wahrheit‹ doch etwas Objektives, Allgemeines und Öffentliches meinen. – Das Diskursmodell führt in die Schwierigkeit, daß sich die idealen Bedingungen, unter denen sich Begründbarkeit als Wahrheit verstehen läßt, selbst nicht zweifelsfrei ermitteln lassen. Und da wir selbst dann, wenn wir dies könnten, niemals sicher sein dürfen, daß diese Bedingungen auch erfüllt sind, taugt dieses Modell nicht einmal als Kriterium; Habermas hat es darum in seiner früheren Fassung inzwischen auch aufgegeben. (Vgl. Habermas 1999, 286 ff.) Die Variante des Diskursmodells, die Putnam früher vertrat (vgl. Putnam), als er Wahrheit mit rationaler Behauptbarkeit identifizierte, bindet die Wahrheit an ein Rationalitätskriterium, gegen das dieselben Bedenken bestehen wie gegen das Kriterium der Begründbarkeit unter idealen Bedingungen. – Die pragmatistische Auffassung hat für sich, daß sie ein handhabbares Kriterium bereitstellt; nur läßt es uns mit unseren Intuitionen im Stich, die wir auch gegen das Evidenzmodell ins Feld zu führen geneigt sind. Sehen wir einmal davon ab, daß es wahr sein muß, daß eine Erkenntnis fruchtbar ist und nützt, dann ist klar: Fruchtbarkeit und Nützlichkeit sind subjektive Einschätzungssache, und so bleibt auch bei der pragmatistischen Wahrheitsauffassung der allgemeine und objektive Charakter der Wahrheit auf der Strecke. (Vgl. Russell) – Die Kohärenzauffassung ist hier sicher am attraktivsten, denn Unstimmigkeiten zwischen Aussagen in einem systematischen Zusammenhang kann man gut feststellen, so daß sich dieses Modell als Kriterium geradezu anbietet. Freilich muß man dem Einwand gerecht werden, daß eine Theorie vollkommen kohärent und doch ein Wahnsystem sein kann; paranoide Vorstellungssysteme wie der Antisemitismus sind dafür Beispiele. Somit muß man die Anregungen des Korrespondenzmodells und des semantischen Modells, die unseren Wahrheitsintuitionen am weitesten entgegenkommen, in eine Kohärenztheorie zu integrieren versuchen. (Vgl. Rescher) Davidson unternahm es, auf der Basis seiner Bedeutungstheorie die Kohärenztheorie selbst als eine recht verstandene Korrespondenztheorie darzustellen, d.h. als eine solche, die Tarskis Wahrheitskonvention zu erfüllen imstande ist. (Vgl. Davidson, in: Bieri, 271 ff.) In dieser Form gehört die Kohärenztheorie aber nicht mehr zu den epistemischen Wahrheitsauffassungen.

So kann man behaupten, daß die nichtepistemischen Wahrheitsauffassungen in explikativer Hinsicht stärker sind als die epistemischen; umgekehrt sind die epistemischen Wahrheitsauffassungen zwar einfacher an den normativen Diskurs der Erkenntnistheorie anzuschließen, aber sie verfehlen weitgehend das, was wir mit guten Gründen mit Platon von der Wahrheit erwarten: daß sie nämlich objektiv und nicht in unserer Verfügung sei, weil Wahrheitsfragen dann bloße Meinungs- und damit Machtfragen wären. Diese Spannung ist wohl der strukturelle Grund dafür, daß in der philosophischen Wahrheitsdiskussion kein Ende abzusehen ist. Gleichwohl sollten wir die nichtepistemische Wahrheitsauffassung bevorzugen, und zwar aus einem semantischen Grund: Wahrheit ist immer wieder als ein Geltungsanspruch aufgefaßt worden, doch es fällt auf, daß die Prädikate ›... ist wahr‹ und ›... gilt‹ oder ›... ist gültig‹ eine verschiedene Struktur aufweisen. Das Wahrheitsprädikat ist einstellig: ›p‹ ist wahr oder nicht, während Geltung dreistellig ist, denn etwas gilt immer nur als etwas für jemanden. (Vgl. Schnädelbach 1992, 104 ff.) Diese Relativierung von Geltung auf einen Kontext und auf einen Adressaten ist der Grund, warum Wahrheit genau dann epistemisch aufgefaßt wird, wenn sie als Geltungsanspruch verstanden wird, und damit stellen sich hier alle die Nachteile ein, die nun einmal mit den epistemischen Wahrheitsauffassungen verbunden sind. Es macht jedoch durchaus Sinn, von einem Wahrheitsanspruch zu sprechen, den wir über das bloße Behaupten von ›p‹ hinaus durch den Satz »›p‹ ist wahr« erheben.

Die Differenz zwischen Wahrheit und Rechtfertigung wird auch anhand der Tatsache deutlich, daß die Skepsis hinsichtlich der Wahrheit einerseits und die Rechtfertigungsskepsis andererseits verschieden sind; diese beiden Formen des Zweifels können nicht mit ein und derselben Argumentation entkräftet werden. Dabei ist freilich eine nichtepistemische Wahrheitsauffassung vorausgesetzt, für die alles spricht – vor allem die Tatsache, daß die Reduktion des Wahrheits- auf ein Rechtfertigungsproblem völlig unplausibel ist, denn was wir faktisch rechtfertigen können, muß deswegen noch nicht wahr sein: Viele Menschen waren in der Vergangenheit nach dem jeweiligen Stand des Wissens und unter der Prämisse der Wahrhaftigkeit dazu berechtigt, etwas zu behaupten, was sich dann als falsch herausstellte. Umgekehrt kann, wer daran zweifelt, daß ›p‹ wahr ist, niemals durch bloße Hinweise auf die Berechtigung, ›p‹ zu behaupten, befriedigt werden, es sei denn, er folgte einer epistemischen Wahrheitsauffassung. Die Reduktion von Wahrheit auf Rechtfertigung ist zudem irreführend; wie die Diskussion über den Skeptizismus gezeigt hat, ist die Wahrheitsskepsis auch deswegen von der Rechtfertigungsskepsis unabhängig, weil die Frage, welche Wahrheitsauffassung man favorisiert, das Problem, was man in Rechtfertigungsdiskursen verteidigen kann und was nicht, überhaupt nicht berührt. (Vgl. Williams) Das ist auch nicht anders zu erwarten, wenn man sich klarmacht, wie eng Rechtfertigung mit ›Geltung‹ als einem dreistelligen Konzept zusammenhängt: In Rechtfertigungsdiskursen möchte man zeigen, daß ›p‹ in diesem Kontext (oder besser: in allen Kontexten) als eine für alle gerechtfertigte Aussage gilt. Das einstellige Prädikat ›... ist wahr‹ mag hier als Rechtfertigungsgrund eine Rolle spielen, aber das Wahrsein von ›p‹ ist nicht per se eine Berechtigung, ›p‹ zu behaupten. Es gibt viele Situationen, in denen man gerade dazu verpflichtet ist, ›p‹ nicht zu behaupten, sondern zu verschweigen, obwohl es wahr ist. Natürlich kann man ›Wahrheit‹ so interpretieren, als ob wir damit Geltung als Gerechtfertigtsein für alle und in allen Kontexten meinten, doch dann hat man eben von vornherein gar nicht von ›Wahrheit‹, sondern von ›Rechtfertigung‹ gesprochen.

Diese Abkopppelung des Wahrheits- vom Rechtfertigungsthema kann man auch daran ablesen, daß neben dem Erkenntnisbegriff auch der Wahrheitsbegriff in der Wissenschaftspraxis zu veralten beginnt, denn in ihr geht es stets primär um Rechtfertigung: z.B. um die Aussagekraft von Experimenten, um die Haltbarkeit der theoretischen Deutung und nicht zuletzt um die behauptete Relevanz der Ergebnisse angesichts knapper Forschungsmittel. Wer in einem physikalischen Labor nach »der Wahrheit« sucht, dem wird es gehen wie dem, der dort nach »Erkenntnis« sucht: Man wird ihn mild belächeln und vielleicht zu den Philosophen schicken.

Rechtfertigung

Es bleibt ein Blick zu werfen auf die Rechtfertigung als Element des Wissens, das weder selbst das Wahrheitsproblem erledigt noch umgekehrt mit den Mitteln einer Wahrheitstheorie erschöpfend behandelt werden könnte. Der Grund dafür ist, daß das Wahrheitsprädikat zur *Semantik* unserer Rede, die Rechtfertigung jedoch zur *Pragmatik* gehört, d.h., sie betrifft ihren Handlungsaspekt. Rechtfertigung hat ihr Modell am juridischen und moralischen Diskurs, und darum verglich Kant seine Vernunftkritik auch mit einem Gerichtshof. (Vgl. B 779) Wenn Wissen nicht nur wahre, sondern auch gerechtfertigte Überzeugung ist, dann unterstellen wir, daß das, was wir für unser Wissen halten, ein solches Gerichtsverfahren erfolgreich bestehen wird. Was wir hingegen für wahr halten, sehen wir als etwas an, über das kein Gericht der Welt entscheiden kann. Wahrheit muß sich nicht rechtfertigen; im epistemischen Bereich ist es vielmehr umgekehrt: Was wir meinen, muß sich vor der Wahrheit rechtfertigen, denn die sitzt mit zu Gericht.

Somit ist ein pragmatischer Wahrheitsbegriff ein Fehlgriff, und umgekehrt gibt es keine propositionalen Gehalte, die »an sich«, aus bloß semantischen Gründen und unabhängig von Rechtfertigungsdiskursen gerechtfertigt wären; ihr Gerechtfertigtsein muß sich hier immer erst erweisen. Die Rechtfertigung aber braucht als ihr Gegenteil die Kritik, d.h., nach dem griechischen Wortsinn von ›*krineîn*‹, das Unterscheiden, Entscheiden und Beurteilen von Wahrheits- und Geltungsansprüchen, das eingelassen ist in eine Pragmatik der Argumentation, die Kritik und Rechtfertigung umfaßt. (Vgl. Schnädelbach 2000b, 262 ff.) Dieser pragmatische Zusammenhang von Kritik und Rechtfertigung gehört zur Grundstruktur von Vernunft überhaupt, wie uns Kant gezeigt hat; Vernunft ist nur als kritische Vernunft wirklich – auch in der Erkenntnistheorie.

4. Ausblick: Die Wirklichkeit der Erkenntnis

Die Erkenntnistheorie versucht im *deskriptiven* Diskurs, sich der Wirklichkeit der Erkenntnis beschreibend und erklärend zu vergewissern. Auffällig ist, daß die Philosophen der Vergangenheit sich dies unmittelbar zutrauten, während wir heute zu demselben Zweck ganz verschiedene wissenschaftliche Disziplinen zusammenführen müssen: Psychologie, Sinnesphysiologie, Wissenschaftsgeschichte, Wissenssoziologie und viele andere mehr. Dies demonstriert die Tatsache, daß das, was als Wissen gilt, selbst zu einem erfahrungswissenschaftlichen Gegenstand wurde, zu dessen Erforschung die philosophische Reflexionskompetenz nicht mehr ausreicht. Wir können nicht mehr wie in der Tradition argumentieren: »Ich bin ein Erkennender; also weiß ich, was Erkenntnis ist, und brauche es mir nur klarzumachen.« Die subjektive Erfahrung reicht nicht hin, um die Ansprüche an das zu erfüllen, was in den Wissenschaften als Empirie gilt.

Umgekehrt wäre Erkenntnistheorie schlecht beraten, sich ganz auf den explikativen Diskurs zurückzuziehen, ohne die empirischen Resultate zur Kenntnis zu nehmen – etwa im Sinne einer *armchair psychology*, die sich zutraut, im Medium des bloßen Nachdenkens alle wesentlichen epistemischen Begriffe zu klären. Vor allem die Wahrnehmungsprozesse sind im 20. Jahrhundert gründlich erforscht worden (vgl. Plümacher), und es hat sich gezeigt, daß die Ergebnisse durchaus geeignet sind, unsere Verwendungsweisen des Wahrnehmungsbegriffs zu berichtigen und zu ergänzen. Ein Beispiel ist die Gestaltpsychologie, die den traditionellen Dogmatismus der atomistischen Assoziationstheorie und der These widerlegte, daß Verbindung im sinnlich Gegebenen nicht existiere, sondern immer erst durch das Denken hergestellt werden müsse. Wichtig ist auch die phänomenologische Forschung im Sinne Edmund Husserls, für die Maurice Merleau-Ponty mit seiner *Phänomenologie der Wahrnehmung (Phénomenologie de la perception)* von 1945 ein Standardwerk vorlegte. (Vgl. Waldenfels) Hier werden die wichtigen Anregungen Heideggers aus *Sein und Zeit* aufgenommen und kritisch weiterentwickelt. So wird vor allem deutlich, daß Wahrnehmung kein rein geistiger Prozeß ist, zu dem unsere *Theoría*-Tradition sie immer stilisierte – verstärkt durch den cartesianischen Dualismus von Geist und Körper –, vielmehr ist sie primär ein leiblicher, uns ganz erfassender Vorgang, wobei Merleau-Ponty Heideggers »In-der-Welt-Sein« sehr überzeugend weiterbestimmt zum »Sein-zur-Welt« *(Être-au-monde)*, um damit den zugleich theoretischen und praktischen Projektcharakter auch unserer Wahrnehmungsprozesse hervorzuheben. (Vgl. Bermes) Diese Befunde lassen sich vergleichen mit dem, was Ryle über die Grammatik von ›Empfindung‹ und ›Beobachtung‹ gezeigt hat. (Vgl. Ryle, 270 ff.) Die Zusammenführung von Phänomenologie und Sprachanalyse ist wohl immer noch ein philosophisches Projekt. (Vgl. Schnädelbach 2000b, 230 ff.)

Ein weiterer Grund für das große Zutrauen der traditionellen Erkenntnistheorie in ihre deskriptiven Kompetenzen liegt auch in der weit verbreiteten Überzeugung, um einen Ausdruck richtig zu verstehen, genüge es, sich den damit gemeinten Gegenstand vorzustellen. Sie folgt der verfehlten Gegenstandstheorie der Bedeutung, von der schon die Rede war. So entstand der Anschein, als seien die Explikation von Begriffen und die Beschreibung der sich bei ihrem Gebrauch einstellenden repräsentierenden Vorstellungen ein und derselbe Vorgang. Gerade bei den Empiristen, aber auch in den Texten Kants finden wir zahlreiche Passagen, in denen ganz deskriptiv über Tatsachen und Vorgänge geredet wird, die angeblich im Bewußtsein stattfinden, wenn wir diese oder jene repräsentierende Vorstellung haben, während es sich in Wahrheit um die Explikation der Bedeutung der Ausdrücke handelt, mit denen wir über solche Vorstellungen sprechen. (Vgl. Strawson 1966) Der Kurzschluß zwischen psychischer Präsenz und semiotischer Repräsentation, den Foucault »archäologisch« erklärt hat, bestimmt die gesamte Tradition der Vorstellungsphilosophie.

So ist es auch fraglich, ob die Phänomenologie Husserls und seiner Nachfolger, die ganz cartesianisch im Bereich des Bewußtseins operiert, mit ihrem Pathos des »Zu den Sachen!« trotz ihrer Favorisierung der Beschreibung wirklich zum deskriptiven Diskurs der Philosophie gehört; tatsächlich liefert sie primär Begriffsexplikationen und nicht mentale Tatsachenfeststellungen. (Dennett spricht hier sehr treffend vom »phänomenologischen Garten«; vgl. Dennett, 65 ff.) So erweckt auch sie den Verdacht einer Diskurs*vermengung*, d. h. des Mißverstehens eines explikativen als eines deskriptiven Verfahrens. Die meisten Phänomenologen folgen immer noch dem cartesianischen Vorurteil gegen die Sprache zugunsten der repräsentierenden Vorstellungen, an deren Präsenz sich ablesen lassen soll, ob die Wörter Bedeutung haben und welche. Sie verstehen die Bedeutung als etwas hinter den Wörtern, was sie aufweisen möchten, so wie Heidegger die Phänomenologie versteht – als ein »Sehenlassen« (SuZ 25). Hier zeigt sich, daß auch sie noch von der Platonischen Metaphorik des Gesichtssinnes fasziniert sind. Dazu sagt Wittgenstein: »Denke dir statt der Worte ein gemaltes allegorisches Bild. – Ja, wenn wir beim Philosophieren in uns schauen, bekommen wir oft gerade so ein Bild zu sehen. Förmlich, eine bildliche Darstellung unserer Grammatik. Nicht Fakten, sondern gleichsam illustrierte Redewendungen.« (PU § 295) Diese Illustrationen mögen die Vorstellungen sein, die sich bei uns beim Gebrauch der Wörter einstellen, aber wir sollten sie nicht mit der Bedeutung der Wörter verwechseln, um die es geht: zum einen, weil jeder seine eigenen Vorstellungen hat, während die Bedeutung etwas Intersubjektives, in den öffentlichen Gebrauchsregeln der Sprache Festgelegtes ist; zum anderen spricht Folgendes dagegen: »Wenn ich in der Sprache denke, schweben mir nicht neben dem sprachlichen Ausdruck noch ›Bedeutungen‹ vor, sondern die Sprache selbst ist das Vehikel des Denkens.« (PU § 329) Wenn in Bedeutungsfragen die Sprache wirklich unhintergehbar ist, kann die Grammatik und mit ihr der explikative Diskurs der Philosophie nicht noch einmal mit den Mitteln einer phänomenologischen Deskription psychischer Tatsachen fundiert werden.

Die Frage ist dann, ob es, was die Erkenntnistheorie betrifft, auf der Ebene des deskriptiven Diskurses überhaupt noch etwas für die Philosophen zu tun gibt. Daß sie gute Gründe haben, die empirischen Befunde der einschlägigen Forschung zu beachten, wurde schon gesagt. Tatsächlich ist das, was man heute allgemein als ›Kognitionswissenschaft‹ bezeichnet und empirisch betreibt, ein interdisziplinäres Forschungsprogramm, an dem sich auch gelernte Philosophen mit Erfolg beteiligen. Philosophisch daran ist auch hier die Aufgabe einer kritischen Explikation der leitenden Begriffe; aber wer dies betreibt – Philosoph oder nicht –, ist gleichgültig, sofern es nur geschieht. Und es stellen sich auch normative Probleme, die als philosophische gelten können, z.B. in der von Konrad Lorenz und Rupert Riedl begründeten Evolutionären Erkenntnistheorie. (Vgl. Lorenz; Riedl; Vollmer; Engels; Irrgang u.a.) Sie versucht, unsere kognitive Ausstattung, also das Apriori Kants, als einen in der Gattungsgeschichte des Menschen entstandenen Bestand zu rekonstruieren und so zu erklären, wie hier überhaupt erfolgreiche kognitive Leistungen möglich wurden. Die Frage ist nur, was dabei ›erfolgreich‹ heißen könnte: Setzt die Evolutionäre Erkenntnistheorie nicht selbst einen normativen Vorbegriff von Erkenntnis voraus? Und wenn dies nicht der Fall sein sollte, was unterschiede sie dann von einer evolutionären Theorie bloßer Meinungen oder faktischer Überzeugungen? Ähnliches gilt auch für die Kognitionswissenschaft, wenn hier wirklich von Kognition die Rede sein soll und nicht von irgendwelchen faktischen Gehirnzuständen und Verhaltensweisen, die etwas mit der Wirklichkeit zu tun haben mögen oder nicht: Warum nennen wir sie überhaupt ›Kognition‹, wenn hier die normativen Differenzen zwischen ›wahr‹ und ›falsch‹ oder zwischen ›richtig‹ und ›falsch‹ gar keine Rolle spielen?

Der erkenntnistheoretische Diskurs der Neuzeit, an dem auch wir noch teilhaben, war niemals bloß phänomenologisch orientiert, er wurde vielmehr durch die Skepsis in Gang gesetzt. So stellte sich in ihm von vornherein die Frage, ob es sich bei dem, was man als Erkenntnis beschreiben und erklären kann, wirklich um Erkenntnis handelt. Diese aber kann man nicht durch Beschreibung beantworten, sondern nur durch normative Beurteilung nach Kriterien – also im Kontext von Kritik und Rechtfertigung. Dieser Kontext aber steht und fällt mit einem vorgängigen Verständigtsein über die Bedeutung der im deskriptiven und im normativen Diskurs verwendeten Begriffe. So ist der explikative Diskurs der Erkenntnistheorie in jedem Fall *primär*, wenn auch nicht zeitlich, so doch der Sache nach; in ihm ist das zu ermitteln und zu begründen, was Philosophen zum Thema ›Erkenntnis‹ in eigener Kompetenz zu sagen haben.

Danksagung
Geert Keil danke ich für eine gründliche kritische Lektüre des Textes und zahlreiche Verbesserungs- und Ergänzungsvorschläge; Ralph Schumacher und Udo Tietz verdanke ich hilfreiche Einwände und Hinweise. Bettina Busse und Simon Wortmann bin ich für sorgfältige Satzkorrekturen sehr dankbar. Was jetzt noch falsch ist, geht ausschließlich auf mein Konto.

Herbert Schnädelbach

Anhang

Literaturhinweise

1. Siglen

A	Immanuel Kant, Kritik der reinen Vernunft, 1. Aufl., 1781.
Abh	René Descartes, Abhandlung über die Methode, übers. von A. Buchenau, Hamburg 1922/1957.
Anal post	Aristoteles, Analytica posteriora.
Anal pr	Aristoteles, Analytica priora.
Anthr	Immanuel Kant, Anthropologie in pragmatischer Hinsicht.
B	Immanuel Kant, Kritik der reinen Vernunft, 2. Aufl., 1787.
Beweisgrund	Immanuel Kant, Der einzig mögliche Beweisgrund zu einer Demonstration des Daseins Gottes.
De an	Aristoteles, De anima.
Entd	Immanuel Kant, Über eine Entdeckung, nach der alle neue Kritik der reinen Vernunft durch eine ältere entbehrlich gemacht werden soll.
Gen	Genesis
GMS	Immanuel Kant, Grundlegung zur Metaphysik der Sitten.
Krisis	Edmund Husserl, Die Krisis der europäischen Wissenschaften und die transzendentale Phänomenologie, 2. Aufl., Den Haag 1976.
Krit	Platon, Kriton.
KU	Immanuel Kant, Kritik der Urteilskraft.
LdF	Karl R. Popper, Logik der Forschung (1934), 2. Aufl., Tübingen 1966.
Logik	Immanuel Kant, Logik, hg. von G.B. Jäsche.
MAN	Immanuel Kant, Metaphysische Anfangsgründe der Naturwissenschaft.
Med	René Descartes, Meditationen, übers. von A. Buchenau, Hamburg 1915/1954.
Men	Platon, Menon.
Met	Aristoteles, Metaphysik.

NE	Aristoteles, Nikomachische Ethik.
Peri herm	Aristoteles, Lehre vom Satz (Perì hermeneías).
Phaid	Platon, Phaidon.
Phaidr	Platon, Phaidros.
PP	René Descartes, Die Prinzipien der Philosophie, übers. von A. Buchenau, Leipzig 1908.
Prol	Immanuel Kant, Prolegomena zu einer jeden künftigen Metaphysik, die als Wissenschaft wird auftreten können.
PS	Theodor W. Adorno u.a. (Hg.), Der Positivismusstreit in der deutschen Soziologie, Neuwied/Berlin 1969.
PU	Ludwig Wittgenstein, Philosophische Untersuchungen.
Refl	Immanuel Kant, Reflexionen.
Resp	Platon, Der Staat.
Soph	Platon, Sophistes.
SuZ	Martin Heidegger, Sein und Zeit (1927), 8. Aufl., Tübingen 1954.
T	Ludwig Wittgenstein, Tractatus logico-philosophicus.
Theät	Platon, Theätet.
TWA	Georg Wilhelm Friedrich Hegel, Werke in 20 Bänden (Theorie Werkausgabe), Frankfurt/M. 1969.
VII	Platon, VII. Brief.
VT	Immanuel Kant, Von einem neuerdings erhobenen vornehmen Ton in der Philosophie.
WWV	Arthur Schopenhauer, Die Welt als Wille und Vorstellung. Erstes Buch (Zürcher Ausgabe), Bd. I/II, Zürich 1977.

2. Zitierte Literatur

Abel – Günter Abel, Stoizismus und Frühe Neuzeit, Berlin/New York 1978.

Albert – Hans Albert, Traktat über kritische Vernunft, Tübingen 1968.

Apel 1973 – Karl-Otto Apel, Transformation der Philosophie, 2 Bde., Frankfurt/M.

Apel 1987 – Karl-Otto Apel, Fallibilismus, Konsenstheorie der Wahrheit und Letztbegründung, in: Forum für Philosophie (Hg.), Philosophie und Begründung, Frankfurt/M., S. 116 ff.

Augustinus – Augustinus, Bekenntnisse (Confessiones).

Bacon – Francis Bacon, Das Neue Organon, hg. von Manfred Buhr, Berlin 1962.

Berkeley – George Berkeley, Prinzipien der menschlichen Erkenntnis, hg. von Alfred Klemmt, Hamburg 1957.

Bermes – Christian Bermes, Maurice Merleau-Ponty zur Einführung, Hamburg 1998.

Bieri – Peter Bieri (Hg.), Analytische Philosophie der Erkenntnis, Frankfurt/M. 1987.

Boeckh – August Boeckh, Enzyklopädie und Methodologie der philologischen Wissenschaften (1877), Neudruck Darmstadt 1966.

Capelle – Die Vorsokratiker. Die Fragmente und Quellentexte, übers. und eingel. von Wilhelm Capelle, Stuttgart 1968.

Chomsky – Noam Chomsky, Sprache und Geist, übers. von A. Kamp, Frankfurt/M. 1970.

D'Alembert – Jean le Rond d'Alembert, Einleitende Abhandlung zur Enzyklopädie (1751), hg. und eingel. von Georg Klaus, Berlin 1958.

Davidson – Donald Davidson, Wahrheit und Interpretation, übers. von Joachim Schulte, Frankfurt/M. 1986.

Dennett – Daniel Dennett, Philosophie des menschlichen Bewußtseins, übers. von Franz M. Wuketits, Hamburg 1994.

Engels – Eve-Marie Engels, Erkenntnis als Anpassung? Eine Studie zur Evolutionären Erkenntnistheorie, Frankfurt/M. 1989.

Epikur – Epikur, Von der Überwindung der Furcht. Katechismus – Lehrbriefe – Spruchsammlung – Fragmente, übers. und eingel. von Olof Gigon, München 1983.

Feyerabend 1973 – Paul K. Feyerabend, Die Wissenschaftstheorie – eine bisher unbekannte Form des Irrsinns, in: Kurt Hübner/Albert Menne (Hg.), Natur und Geschichte, Hamburg, S. 88 ff.

Feyerabend 1976 – Paul K. Feyerabend, Wider den Methodenzwang. Skizze einer anarchistischen Erkenntnistheorie, übers. von Hermann Vetter, Frankfurt/M.

Flasch – Kurt Flasch, Das philosophische Denken im Mittelalter, Stuttgart 1986.

Foucault – Michel Foucault, Die Ordnung der Dinge, übers. von Ulrich Köppen, Frankfurt/M. 1974.

Franzen – Winfried Franzen, Die Bedeutung von »wahr« und »Wahrheit«, Freiburg 1982.

Frege – Gottlob Frege, Funktion, Begriff, Bedeutung. Fünf logische Studien, hg. und eingel. von Günther Patzig, Göttingen 1962.

Gadamer 1960 – Hans Georg Gadamer, Wahrheit und Methode, 2. Aufl., Tübingen 1965.

Gadamer 1965 – Hans-Georg Gadamer, Philosophisches Lesebuch 1, Frankfurt/M.

Gerhardt, Volker, Die Größe Hegels, in: Merkur 602, 53. Jg., 1999, S. 530-543, insb. 538.

Gethmann – Carl Friedrich Gethmann, Dasein: Erkennen und Handeln. Heidegger im phänomenologischen Kontext, Berlin/New York 1993.

Grundmann – Thomas Grundmann (Hg.), Erkenntnistheorie. Positionen zwischen Tradition und Gegenwart, Paderborn 2001.

Habermas 1968 – Jürgen Habermas, Technik und Wissenschaft als »Ideologie«, Frankfurt/M.

Habermas 1972 – Jürgen Habermas, Wahrheitstheorien; jetzt in: ders., Vorstudien und Ergänzungen zur Theorie des kommunikativen Handelns, Frankfurt/M. 1984, S. 127 ff.

Habermas 1999 – Jürgen Habermas, Wahrheit und Rechtfertigung. Philosophische Aufsätze, Frankfurt/M.

Hamann – Johann Georg Hamann, Schriften zur Sprache, hg. von Josef Simon, Frankfurt/M. 1967.

Hossenfelder – Malte Hossenfelder, Einleitung zu: Sextus Empiricus, Grundriß der Pyrrhonischen Skepsis, Frankfurt/M. 1968, S. 9 ff.

Hume – David Hume, Eine Untersuchung über den menschlichen Verstand, übers. von Raoul Richter, Hamburg 1955.

Institut – Institut für Sozialforschung (Hg.), Soziologische Exkurse, Frankfurt/M. 1956.

Irrgang – Bernhard Irrgang, Lehrbuch der Evolutionären Erkenntnistheorie. Thesen, Konzeptionen, Kritik, Stuttgart 2001.

Keil 1996 – Geert Keil, Ist die Philosophie eine Wissenschaft?, in: Simone Dietz u.a. (Hg.), Sich im Denken orientieren, Frankfurt/M., S. 32 ff.

Keil 2002 – Geert Keil, Quine zur Einführung, Hamburg.

Keil 2003 – Geert Keil, Über den Homunkulus-Fehlschluß, erscheint in: Zeitschrift für philosophische Forschung 57.

Keil/Schnädelbach – Geert Keil/Herbert Schnädelbach (Hg.), Naturalismus. Philosophische Beiträge, Frankfurt/M. 2000.

Kemmerling – Andreas Kemmerling, Ideen des Ichs. Studien zu Descartes' Philosophie, Frankfurt/M. 1996.

Köhnke – Klaus Christian Köhnke, Entstehung und Aufstieg des Neukantianismus, Frankfurt/M. 1986.

Koppelberg – Dirk Koppelberg, Die Aufhebung der analytischen Philosophie – Quine als Synthese von Carnap und Neurath, Frankfurt/M. 1987.

Kuhn – Thomas S. Kuhn, Die Struktur wissenschaftlicher Revolutionen (1962), übers. von Kurt Simon, Frankfurt/M. 1967.

Künne 1985 – Wolfgang Künne, Art. »Wahrheit«, in: Ekkehard Martens/Herbert Schnädelbach (Hg.), Philosophie. Ein Grundkurs, Bd. 1, 3. Aufl., Reinbek 1994, S. 116 ff.

Künne 1995 – Wolfgang Künne, Sehen. Eine sprachanalytische Betrachtung, in: LOGOS 2, S. 103 ff.

Leibniz – Gottfried Wilhelm Leibniz, Vernunftprinzipien der Natur und der Gnade. Monadologie, hg. von Herbert Herring, Hamburg 1956.

Locke – John Locke, Über den menschlichen Verstand, 2 Bde., Berlin 1962.

Lorenz –Konrad Lorenz, Die Rückseite des Spiegels, München 1973.

Lyotard – Jean-François Lyotard, Der Widerstreit, übers. von Joseph Vogl, München 1987.

Mach – Ernst Mach, Erkenntnis und Irrtum, 6. Aufl., Darmstadt 1968.

Marx/Engels – Karl Marx/Friedrich Engels, Die deutsche Ideologie, in: dies., Die Frühschriften, hg. von Siegfried Landshut, Stuttgart 1953.

Mittelstraß – Jürgen Mittelstraß, Neuzeit und Aufklärung. Studien zur Entstehung der neuzeitlichen Wissenschaft und Philosophie, Berlin/New York 1970.

Müller-Dohm – Stefan Müller-Dohm (Hg.), Das Interesse der Vernunft. Rückblick auf das Werk von Jürgen Habermas seit »Erkenntnis und Interesse«, Frankfurt/M. 2000.

Nelson – Leonard Nelson, Die Unmöglichkeit der Erkenntnistheorie (1911), in: ders., Gesammelte Schriften in neun Bänden, Bd. 2, Hamburg 1973, S. 459-501.

Nietzsche – Friedrich Nietzsche, Sämtliche Werke. Kritische Studienausgabe in 15 Bänden, hg. von Giorgio Colli/Mazzino Montinari, 2. Aufl., Berlin 1988.

Oehler – Klaus Oehler, Die Lehre vom noetischen und dianoetischen Denken bei Platon und Aristoteles, 2. Aufl., Hamburg 1985.

Parmenides – Parmenides, Vom Wesen des Seienden, übers., hg. und erl. von Uvo Hölscher, Frankfurt/M. 1986.

Peirce – Charles S. Peirce, Schriften I und II, mit einer Einf. hg. von Karl-Otto Apel, Frankfurt/M. 1967/70.

Plessner – Helmuth Plessner, Zur Soziologie der modernen Forschung und ihrer Organisation an den deutschen Universitäten (1924), in: ders., Diesseits der Utopie, Frankfurt/M. 1974.

Plümacher – Martina Plümacher: Art. »Wahrnehmung« in: Enzyklopädie Philosophie, hg. von Hans Jörg Sandkühler, Hamburg 1999, S. 1722 ff.

Popper 1964 – Karl R. Popper, Naturgesetze und Theoretische Systeme, in: Hans Albert (Hg.), Theorie und Realität, Tübingen.

Putnam – Hilary Putnam, Gehirne im Tank, in: ders., Vernunft, Wahrheit und Geschichte, übers. von Joachim Schulte, Frankfurt/M. 1982, S. 15 ff.

Quine 1951 – Willard Van Orman Quine, Two Dogmas of Empiricism, in: ders., From a Logical Point of View, New York/Evanston 1963, S. 20 ff.

Quine 1975 – Willard Van Orman Quine, Ontologische Relativität und andere Schriften, übers. von Wolfgang Spohn, Stuttgart.

Ramsey – Frank P. Ramsey, Tatsachen und Propositionen, in: Gunnar Skirbekk (Hg.), Wahrheitstheorien, Frankfurt/M. 1977, S. 224 ff.

Rapp – Christof Rapp, Aristoteles zur Einführung, Hamburg 2001.

Rescher – Nicholas Rescher, Die Kriterien der Wahrheit, in: Gunnar Skirbekk (Hg.), Wahrheitstheorien, Frankfurt/M. 1977, S. 337 ff.

Riedl – Rupert Riedl, Biologie der Erkenntnis, Berlin/Hamburg 1980.

Rorty – Richard Rorty, Der Spiegel der Natur. Eine Kritik der Philosophie, übers. von Michael Gebauer, Frankfurt/M. 1981.

Russell – Bertrand Russell, Der logische Atomismus (1924), in: ders., Philosophische und politische Aufsätze, hg. von Ulrich Steinvorth, Stuttgart 1971.

Ryle – Gilbert Ryle, Der Begriff des Geistes, übers. von Kurt Baier, Stuttgart 1969.

Schadewaldt – Wolfgang Schadewaldt, Die Anfänge der Philosophie bei den Griechen. Die Vorsokratiker und ihre Voraussetzungen, Frankfurt/M. 1978.

Schäfer – Lothar Schäfer, Das Bacon-Projekt. Von der Erkenntnis, Nutzung und Schonung der Natur, Frankfurt/M. 1993.

Schleiermacher – Friedrich Daniel Ernst Schleiermacher, Hermeneutik und Dialektik, hg. und eingel. von Manfred Frank, Frankfurt/M. 1977.

Schnädelbach 1977 – Herbert Schnädelbach, Reflexion und Diskurs. Fragen einer Logik der Philosophie, Frankfurt/M.

Schnädelbach 1983 – Herbert Schnädelbach, Philosophie in Deutschland 1831-1933, Frankfurt/M.

Schnädelbach 1992 – Herbert Schnädelbach, Zur Rehabilitierung des animal rationale. Vorträge und Abhandlungen 2, Frankfurt/M.

Schnädelbach 1995 – Herbert Schnädelbach, Metaphysik und Politik, in: Peter Fischer (Hg.), Freiheit oder Gerechtigkeit. Perspektiven politischer Philosophie, Leipzig.

Schnädelbach 1999 – Herbert Schnädelbach, Hegel zur Einführung, Hamburg.

Schnädelbach 2000a – Herbert Schnädelbach, Descartes und das Projekt der Aufklärung, in: Wilhelm Fr. Niebel/Angelica Horn/Herbert Schnädelbach (Hg.), Descartes im Diskurs der Neuzeit, Frankfurt/M., S. 186 ff.

Schnädelbach 2000b – Herbert Schnädelbach, Philosophie in der modernen Kultur. Vorträge und Abhandlungen 3, Frankfurt/M.

Schnädelbach/Keil – Herbert Schnädelbach/Geert Keil (Hg.), Philosophie der Gegenwart – Gegenwart der Philosophie, Hamburg 1993.

Schumacher 1998 – Ralph Schumacher, Der Homunkulus-Fehlschluß in der Philosophie des Geistes. Eine Verteidigung des Repräsentationalismus, in: Ernst Dölling (Hg.), Repräsentation und Interpretation, Berlin, S. 39-60.

Schumacher 2001 – Ralph Schumacher, Die Welt als Vorstellung. George Berkeleys Kritik des Repräsentationalismus, Habilitationsschrift Berlin.

Searle – John R. Searle, Sprechakte. Ein sprachphilosophischer Essay, übers. von Renate und Rolf Wiggershaus, Frankfurt/M. 1971.

Sellars – Wilfrid Sellars, Empiricism and the Philosophy of Mind, in: Herbert Feigl/Michael Scriven (Hg.), Minnesota Studies in the Philosophy of Science I, Minneapolis 1956, S. 253 ff.

Stegmüller – Wolfgang Stegmüller, Probleme und Resultat der Wissenschaftstheorie und Analytischen Philosophie, Berlin/Heidelberg/New York 1969 ff.

Strawson 1966 – Peter Frederick Strawson, The Bounds of Sense. An Essay on Kant's Critique of Pure Reason, London.

Strawson 1972 – Peter Frederick Strawson, Einzelding und logisches Subjekt (Individuals), übers. von Freimut Scholz, Stuttgart.

Stüber/Grundmann – Karsten Stüber/Thomas Grundmann (Hg.), Philosophie der Skepsis, Paderborn 1996.

Tarski – Alfred Tarski, Die semantische Konzeption der Wahrheit und die Grundlagen der Semantik, in: Gunnar Skirbekk (Hg.), Wahrheitstheorien, Frankfurt/M. 1977, S. 140 ff.

Thoma – Ludwig Thoma, Jozef Filsers gesamelter Briefwexel, München o.J.

Thomas – Thomas von Aquin: Quaestiones disputatae.

Tietz – Udo Tietz, Verstehen und Begründen aus dem Kontext. Aspekte eines antifundamentalistischen Universalismus, unveröffentlichte Habilitationsschrift.

Tugendhat 1976 – Ernst Tugendhat, Vorlesungen zur Einführung in die sprachanalytische Philosophie, Frankfurt/M.

Tugendhat 1979 – Ernst Tugendhat, Selbstbewußtsein und Selbstbestimmung, Frankfurt/M.

Vollmer – Gerhard Vollmer, Evolutionäre Erkenntnistheorie, 3. Aufl., Stuttgart 1983.

Waldenfels – Bernhard Waldenfels, Phänomenologie in Frankreich, Frankfurt/M. 1987, insbes. S. 142 ff.

Weber – Max Weber, Wissenschaft als Beruf; in: ders., Gesammelte Aufsätze zur Wissenschaftslehre, 4. Aufl., Tübingen 1973.

Williams – Michael Williams, Realismus und Skeptizismus, in: Karsten Stüber/Thomas Grundmann (Hg.), Philosophie der Skepsis, Paderborn 1996, S. 144 ff.

3. Weitere Literatur

Barthelborth, Thomas, Begründungsstrategien. Ein Weg durch die analytische Erkenntnistheorie, Berlin 1996.

Baumann, Peter, Einführung in die Erkenntnistheorie, 2. Auflage, Stuttgart 2006.

Chisholm, Roderick, Erkenntnistheorie, übers. von Rudolf Haller, München 1979.

Danto, Arthur C., Wege zur Welt. Grundbegriffe der Erkenntnistheorie, München 1996.

Detel, Wolfgang, Grundkurs Philosophie, Band 4, Erkenntnis- und Wissenschaftstheorie, Stuttgart 2007.

Ernst, Gerhard, Erkenntnistheorie, Darmstadt 2007.

Gabriel, Gottfried, Grundprobleme der Erkenntnistheorie. Von Descartes bis Wittgenstein, Paderborn 1993.

Grundmann, Thomas, Analytische Einführung in die Erkenntnistheorie, Berlin/Wien/New York 2008.

Keller, Albert, Allgemeine Erkenntnistheorie, Stuttgart 1990.

Poser, Hans, Wissenschaftstheorie. Eine philosophische Einführung, Stuttgart 2001.

Prauss, Gerold, Einführung in die Erkenntnistheorie, 2. Aufl., Darmstadt 1988.

Riedl, Rupert (Hg.), Die evolutionäre Erkenntnistheorie im Spiegel der Wissenschaften, Wien 1996.

Schneider, Robert, Erkenntnistheorie im 20. Jahrhundert. Klassische Positionen, Stuttgart 1998.

Vollmer, Gerhard, Was können wir wissen? I/II, Stuttgart 2003.

Wiesing, Lambert, Philosophie der Wahrnehmung. Modelle und Reflexionen, Frankfurt/M. 2002.

Herbert Schnädelbach, geb. 1936, ist emeritierter Professor für Philosophie an der Humboldt-Universität zu Berlin.
Veröffentlichungen u.a.: Erfahrung, Begründung und Reflexion. Versuch über den Positivismus (1971); Geschichtsphilosophie nach Hegel. Die Probleme des Historismus (1974); Reflexion und Diskurs. Fragen einer Logik der Philosophie (1977); Philosophie in Deutschland 1831-1933 (1983); Vernunft und Geschichte. Vorträge und Abhandlungen (1987); Zur Rehabilitierung des animal rationale. Vorträge und Abhandlungen 2 (1992); Philosophie der Gegenwart – Gegenwart der Philosophie (Hg., gem. m. Geert Keil, 1993); Philosophie. Ein Grundkurs (Hg., gem. m. E. Martens, 3. Aufl. 1994); Hegel zur Einführung (1999); Philosophie in der modernen Kultur. Vorträge und Abhandlungen 3 (2000); Hegels praktische Philosophie. Ein Kommentar der Texte in der Reihenfolge ihrer Entstehung (2000); Hegels Philosophie. Kommentare zu den Hauptwerken, 3 Bände (Hg., 2000); Analytische und postanalytische Philosophie. Vorträge und Abhandlungen 4 (2004); Kant. Grundwissen Philosophie (2005); Vernunft. Grundwissen Philosophie (2007).